不確実な時代の大学戦略

―― 日本社会のグローバル化と ―― 大学の役割

内田勝一 著

成文堂

はじめに

(1) 本書の目的と問題意識

不確実な時代でも確実なこと

　現代社会は不確実・不透明・不安定な時代といわれている。政治・経済・社会が不安定になり将来の行方を確実に予測できない時代である。しかし、そのなかでも確実に発生することが3つある。

　第1は、地球規模での人口増加・人口爆発と日本における人口減少・高齢社会化の進行である。世界の人口は、2050年には93億人以上となる。しかし、日本の人口は2008年をピークとして減少しつつあり、2050年頃には、1億人を下回り、65歳以上の人口はおよそ3800万人、高齢化率は38％程度になると予測される。また日本の世界経済に占める位置にも大きな変化が生じる。1990年代には世界のGDPの10パーセント以上を占めた日本のGDPは現在では6％程度となり、2040年代以降は3パーセント程度になると予想されている。

　第2は、経済・社会における全地球的なグローバル化の進展である。グローバル化には二つの側面がある。日本の企業・人々が全地球的な規模で活躍する「外へのグローバル化」と、日本社会に多様な背景をもった人々が共存して生活するようになる「内なるグローバル化」とである。

　外に向けてのグローバル化に関しては、日本は世界のなかでどのように評価されているかを自覚することが重要である。たとえば、プロラグビー・スーパーカップでの日本チームの名称は「SUN WOLVES・日の丸をつけた狼たち」であり、世界のなかでは、日本ないし日本人は日の丸を背負って狼のように組織的に勇敢に闘う民族として尊敬され、また他方ではどう猛であると警戒されている。内なるグローバル化の象徴は、2019年に行われたラグ

ビー・ワールドカップ日本代表31名のうち、16名は日本以外の地域が出身地であったことであり、これは未来の日本社会を予期させるものである。

第3は、あらゆる面における科学技術の急激な発展である。膨大な情報データの処理、人工知能とロボットとの組み合わせ、遺伝子治療などの生命科学の進展はその例である。しかし、その発展が持っている危険の認識も重要である。たとえば、ロボットは核戦争のなかで生き残る兵士として開発されてきたのであり、人工知能と組み合わせた自ら考えるロボットは人間に代わる兵士として役立つことが予定されている。

日本社会は人口構造の変化、グローバル化、急速な科学技術の発展という挑戦を適切に解決できるかという困難・危機に瀕している。他方、これらを解決することにより、真にグローバル化し、イノベーションに富んだ、健康な長寿社会を実現できるという可能性もある。困難と可能性、言い換えれば危機と希望の狭間で、どのように日本社会を発展させていくのか、とりわけ大学はどのような役割を果たすのか、を検討することが著者の基本的な問題意識である。

日本社会のグローバル化と大学の役割

これからの大学は、世界や日本社会のなかで進んでいく変化・挑戦に適切に対応し、主導するために、教育・人材育成、科学技術・学問研究のあり方、及び大学のガバナンス・財政構造を変えていかなければならない。本書は、日本のグローバル化、つまり、外に向けてのグローバル化と日本社会の内なるグローバル化という視点から、今後、大学が進むべき方向を示し、そこで生じる主要な論点について検討を加える。多様な背景を有する人々が共に生きる日本社会をつくっていくうえで、大学の果たすべき役割はきわめて大きいからである。

経済・社会における全地球的な一体化、グローバル化が進めば進むほど、それぞれの地域の歴史・文化・社会などの独自性が重要になり、それが人々を惹きつける魅力となる。これからの日本の大学は、それぞれがもつ独自性を発展させ、全地球的な意義・希望を持つ大学になる必要がある。言い換え

ると、地球上のあらゆるところから学生や研究者が集まりたいという独自の魅力を持つ大学になり、学生に独自の意欲・能力・スキルを習得させ、国の内外を問わず、全地球的に活躍できるように育成することが必要である。

　本書は、大学においては、専門的知識の獲得のみならず、教養教育・リベラルアーツ教育を受けることの重要性を強調する。なぜなら、自由、平等、権力などについての理解度が高い市民を作ることが民主主義の質を高めるために必要だからである。

　世界大学ランキングに象徴されるように、大学間競争が全地球的な規模で激化している。その中で科学技術力の低下という危機に直面しているが、日本の大学はアジア地域の中心的な大学として主導的・先導的な役割を果たすことが可能である。そのためには、それぞれの大学は、同一年齢層の50%以上が大学に進学している現実を踏まえ、大学の規模、立地、設置母体の特性、対象とする学問分野、研究力の強さ、教育資源の豊富さ、学生の能力・希望、ガバナンスや財務状況を考慮して、その大学のもっている独自性を大切にして、地域のなかで果たすべき機能を明確にしていく必要がある。各大学がその独自性を発揮し、多様な大学を作り上げることが日本社会にとって重要である。

日本の高等教育の成功と逆説としての困難

　日本の大学、高等教育の今後を考える際には、日本の高等教育の成功がもたらした逆説的な困難に着目することが重要である。現代の日本は先進資本主義国の中で、政治的・経済的・社会的にもっとも安定していると言われている。明治初期の殖産興業、富国強兵にはじまる国家主導の科学技術振興政策、戦後改革による民主化の進展、高度経済成長によって、社会・生活・経済の安定が進んだ。その基盤は、優れた科学技術水準を達成したことである。経済社会の安定、民主主義の進展、及び科学技術の発展を導いたのは国民言語である日本語による優れた高等教育によって、国民の知的水準が向上したからに他ならない。物理、科学、生命科学分野におけるノーベル賞受賞者の輩出に象徴されるように、日本の大学における科学技術の発展は、大き

な成功を納めてきた。

　しかし、人々に生まれた過去の成功への安住意識、「失われた20年」と呼ばれる日本経済の停滞、大学における研究教育水準の低下、全地球的な規模での競争の激化など、日本の大学は、困難に直面している。英語が国際的なビジネス、科学技術研究、大学教育、のみならず、人々の交流における共通言語として用いられる傾向が進むなかでは、国民言語である日本語による高等教育の成功が、困難さの原因になっているという逆説的な状況も生まれている。国民言語である日本語による高等教育を発展させつつ、世界に通用する人材を輩出するという困難さ・危機をどのような戦略によって打破するかを考えることが本書の課題である。

● 適応ではなく主体的な戦略が必要

　ところで、文部科学省は、科学技術水準の衰退、世界大学ランキングにおける地位の低下、政治主導による授業料無償化、地方創生における大学の役割等、大学が直面する課題に対応するため、近年は様々な政策を進めてきた。しかし、将来を展望し、新たな情勢を自ら主体的に作り出していくという戦略的な思考によるのではなく、国内政治上の情勢の変化、大学を取り巻く国際的な環境変化に対して、どのように適応するかという後追い的なものであった。2018年11月に発表された中央教育審議会の「2040年に向けた高等教育のグランドデザイン（答申）」も、戦略というよりは、適応を語るものである。

　それぞれの大学も、客観情勢や文科行政の変化にどのように適応するかを考えることが多く、主体的な戦略思考を持ってこなかった。基本的な戦略を持たずに、適応を試みてきたことは、日本の大学行政全体及びそれぞれの大学の抱える困難さに共通する原因である。そこで、本書は、内なるグローバル化と外へのグローバル化に対して、適応するのでなく、どのようにして主体的に戦略を組み立てるかという観点を大切にして、大学がとるべき方向を考察する。

(2)　本書の特徴

歴史・比較・実態という軸からの立体的な分析

　本書の特徴は、①歴史的沿革、②諸外国との比較、及び、③大学制度が実際にどのような環境の中で、機能しているかという社会的実態という3つの方向軸から、現代日本の大学が直面する課題を、立体的に、解きほぐすところにある。日本の大学制度は、明治以降の近代化の過程で西欧から導入された制度であり、その考察に際しては、日本と世界における歴史的な発展を参照する必要がある。また、現在の問題点や今後の展開方向を考える際には、日本と同じような政治・経済・社会体制にある国々の大学制度・政策との比較も必要であり、さらに、制度と社会的実態との食い違いにも注目することが不可欠である。

　本書は日本の大学の現状についての一般的なデータの紹介や説明はできる限り少なくし、現状の解釈・評価、将来の方向についての思索をもとにして、グローバル化を中心にして、これからの大学戦略を立論をするところに特徴がある。

全地球化と独自性（Globalization and Identity）

　本書の基本的なキーワードは、全地球化と独自性（Globalization and Identity）である。Globalization・グローバリゼーションの訳語として、グローバル化と全地球化という用語を、文脈に応じて適宜使い分けることにする。現代社会で生まれる変化を、全地球化の進展と各地域のもっている独自性との衝突・せめぎ合いのプロセスとしてとらえ、両者の対立と調和・妥協の過程が歴史的にどのように展開してきたのか、今後どのようになっていくのかという視点を重視する。単純に全地球化が進行するのではなく、全地球化が進行すればするほど、独自性が重要になる。なお、全地球化を検討する際には、実態として進むグローバル化・全地球化と、それを望ましいとするイデオロギーであるグローバリズムとは区別して議論する必要がある。

　さらに、全地球化と独自性（Globalization and Identity）との衝突に関して

は、全地球化（Globalization）の進行が、アジアなどの地域（Regional）という場、日本等の国民国家という場（National）、東京都・新宿区等の国内のより狭い地方・地区という場面（Local）、さらには早稲田町等の人々の具体的な仕事が営まれるコミュニティ・共同体という場（Community）のなかで、どのように作用しているかを念頭に置いて考える必要がある。逆から言えば、コミュニティ・共同体（Community）、地方・地区（Local）、国民国家（National）、地域（Regional）の多様性、独自性、固有の魅力を、全地球的（Global）に発信するという方向性に着目することが重要である。

● 本書の構成 ●

　第1章「不確実な時代でも確実なこと」では、世界と日本が直面している、(1)人口構造の変化、(2)グローバル化の進行、(3)科学技術の発展という基本的な状況について検討する。

　第2章「大学の発展段階と大学の三類型」では、大学制度の歴史的な発展を追跡し、世界の大学を比較すると、3つの異なる類型があり、日本の大学は東アジア型大学制度の先駆的かつ典型的な事例であることを明らかにする。第1章と第2章における検討は第3章以下での議論の前提である。

　第3章「大学の発展戦略——危機と希望の狭間で——」では、前2章の検討を踏まえて、日本の大学制度の特徴を明らかにし、危機と希望の狭間の中にある日本の大学は今後どのような方向へと発展すべきかの戦略を論じる。

　第4章「激しくなる世界の大学間競争」では、世界の大学の間での卓越した研究を目指す激しい競争の現状、日本の大学が置かれている困難について検討する。第3章と第4章とは日本の大学が直面している困難・危機、可能性・希望を明らかにすることを意図している。

　第5章から第8章までは大学のグローバル化についての検討である。第5章「国境を越える学生移動」では、学生はどこからどこへ移動しているのか、それはなぜなのかを論じ、日本の留学生獲得政策と日本人学生の外に向けての移動の現状と課題を検討する。

　第6章「外へのグローバル化と内なるグローバル化」は日本社会のグロー

バル化に伴って生じる大学のグローバル化、つまり外に向けてのグローバル化と内なるグローバル化、の現状と課題を論じる。

　第7章「グローバル化とカリキュラム——リベラルアーツと国際教養——」では、グローバル化する大学においては、リベラルアーツ教育を重視する必要があることを論じ、さらに最近の多くの大学で生まれている国際教養学部という試みについて検討する。その原形である早稲田大学国際教養学部の戦略的な意義について論じる。

　第8章「グローバル化した大学の研究・ガバナンス・財政」では、グローバル化した大学において、研究・ガバナンス・財政はどのように変化すべきかについて簡単に論じる。本格的な考察は別途おこなう予定である。

　第9章「パンデミック後の社会と大学」では、本書の校正時に生じた新型コロナウイルスCOVID-19の蔓延が終息した後の社会がどのように変化するか。新しい生活様式、常態のなかで果たすべき大学の機能について簡単に論じている。

　本書のすべての章は、日本社会のグローバル化によって大学に生じる変化と、各大学がとるべき戦略について論じるものである。本書は、大学のなかで研究、教育、経営に携わっている人々だけでなく、大学で学んでいる学生、これから大学に進もうと考えている子どもを持っている方々をも対象にして、日本社会のグローバル化の中で大学はどのような役割を果たすべきなのかについて、わかりやすく、説明するものである。全体として一貫した流れに基づいた論述であるが、各章はそれぞれ完結しているので、読者の興味に応じて自由に読みすすんで欲しい。著者の問題意識、メッセージに共感して、日本社会の内なるグローバル化を進める歩みを加速してくださることを期待している。

目　　次

第1章

不確実な時代でも確実なこと

❶ 不確実・不透明・不安定な時代でも確実なことは

不確実な時代

　現代は不確実（Uncertain）・不透明（Unclear）・不安定（Unstable）な時代と言われる。不確実な時代という言葉を、最初に用いたのは、ガルブレイスの「不確実性の時代」（John Kenneth Galbraith, The Age of Uncertainty, 1977）であった。同書は BBC 放送のテレビ連続番組として企画された台本を下にして出版され、世界的なベストセラーとなった。

　ガルブレイスは、19世紀からの経済思想とそれによって生まれた制度を歴史的に通観する。第1次世界大戦の結果、それまでの貴族制と実業家との連携による安定した社会構造が失われ、資本家と労働者とによる新しい支配・連携がはじまり、社会・経済・政治制度が変動する時代、不確実性の時代、に入ったとする。レーニンによる社会主義革命、金本位制の解体、ケインズ革命、第2次世界大戦を、背後にある経済思想との関連で論じる。さらに、戦後における産軍複合体、大企業と国家との共生関係、貧困の原因としての土地と住民との関係、大都市圏における住宅・保健・交通サービスの社会化、集団的な英知と責任によって問題解決をする民主主義の重要性等について、興味深い逸話を多く盛り込みながら、いわゆる異端派経済学者の立場から、説得的な議論を展開する。しかしながら、同書は東西冷戦の渦中にあっ

2

た時代背景を前提としており、21世紀の現代世界の特徴を考察するには、有効ではなくなった。

1990年代以降アメリカ、とりわけ軍関係者のなかで、VUCA という言葉が用いられた。これは Volatility（変動性）、Uncertainty（不確実性）、Complexity（複雑性）、Ambiguity（不明瞭性）を意味する用語であった。現代社会は変動が著しく止まるところがない。それは社会の不確実性に原因がある。またあらゆる物事が複雑になり、それに対しては明快な結論が得られず、不明瞭になるということを示す言葉であった。

VUCA という言葉が多用された理由は以下の通りである。冷戦終結によって資本主義自由体制の勝利が確定したとして、「歴史の終わり」が説かれた。しかし、実際には、その時から、時代が一層不安定化した。政治的にはイスラム社会の台頭、経済的にはアジア太平洋地域の経済発展、文化社会的には多文化共生主義が説かれ、先端的な科学技術の革新、グローバルな全地球的な連関性の高まりが進んだ。その結果、それまでの西欧中心の政治・経済・社会の安定性が損なわれ、それぞれが変動の過程にあり、その行方を誰もが確実性をもって予測することができなくなった。この意味で、冷戦終結後の時代を象徴する言葉として Volatility（変動性）、Uncertainty（不確実性）、Complexity（複雑性）、Ambiguity（不明瞭性）からなる VUCA という用語法が用いられ、不確実性という言葉が定着したのであった。

さらに、2016年のイギリスの国民投票による EU 離脱、アメリカにおけるトランプ大統領の選出に象徴されるように、欧米諸国においては、経済のグローバル化に伴う雇用の喪失、移民の流入に対する反作用として、排外主義・自国本位主義、反民主主義的傾向が高まってきた。このようなことから、どのような出来事が生じるのか、どのような公共政策が採用されるかがわからない、将来の予測が困難であるという意味でも、不確実という言葉が使われるようになってきた。

不透明・不安定な時代

これに加えて、不透明（unclear）とか、不安定（unstable）という用語が

現代世界を特徴付ける言葉として、用いられるようになった。不透明という用語は、様々な意味で用いられているが、意思決定のプロセスが外部からわかりにくくなっていることを意味する。意思決定に関与する者が多数になり、多くのステークホルダーの意見を反映させることが必要になった。これに伴い、外部から明瞭に認知することができる単純明快な意思決定プロセスは失われ、多様な要素がどのように絡み合って意思決定に到達するのかが不透明になっていることを意味する。

　意思決定に関連する要素が新たに多数生まれ、それらをも加味した判断が必要になることの結果、いったん決定され、採用された政策・戦略がいつまで継続され、実施されるのかがわからない不安定な時代になったとも言われる。新たな事情が発生し、従前想定した前提・基礎が失われると、それに適合するように戦略も変更されることになる。トランプ政権における政策の度重なる変更は不透明で不安定な時代を象徴するものである。

それでも確実なこと——危機と希望の狭間で——

　もっとも、不確実・確実、透明・不透明、安定・不安定といっても、それはある事柄の発生の可能性・蓋然性の違いであり、程度の差でしかない。どのレベル・確率を超えたならば確実であるという客観的・絶対的な尺度は存在していない。したがって、不確実さ、不透明さ、不安定さの内容を詮索することよりは、これとは逆に、不確実な時代のなかでも発生することが確実な事柄を前提として、議論を進めるのがよいであろう。以下では、大学の役割、戦略を検討する前提として、発生することが確実な3つの事柄（地球規模での生産年齢人口増加と日本における人口減少・高齢社会の進行とに象徴される人口構造の変化、グローバル化の進行、科学技術の著しい発展）について、日本社会と大学は危機と希望の狭間にあるという視点から、簡単に触れておこう。

❷ 人口構造の変化

(1) 全地球的な人口増加

● 地球上の人口の爆発的な増加 ●

今後の世界で発生することがもっとも確実な事柄は、地球上の人口の爆発的増加と日本における人口減少である。

国連の「世界人口推計2019」によれば、2019年現在の地球人口は77億人であり、中国は13.8億人、インドは13.4億人、アメリカは3.2億人である。日本は1.3億人であり、世界人口の2％程度である。

2030年には88億人、2050年には97億人に達すると予測されている。その時代には、インドは16億4千万人、中国は14億240万人と想定され、ナイジェリアが4億人を超え、アメリカ、インドネシア、パキスタンが3億人を超え、ブラジル、エチオピアが2億人を超え、1億人以上の人口を有するのはコンゴ、バングラディシュ、エジプト、メキシコ、フィリピン、ロシア、タンザニア、ベトナム、日本、イランになると想定されている。日本の人口は1億人を少し超える水準となり、世界の人口の1％程度を占めることになる。

アジア・アフリカ地域の爆発的な人口増加により、世界の人口構造・社会経済構造の劇的な変化が予想される。乳児死亡率は今後も減少するが、出生数の劇的な減少により、15歳未満の人口は現在とほぼ同じ20億人程度である。15歳から64歳までの生産年齢人口が60億人程度になるので、その年齢の人口が増加する南アジア、アフリカ等の地域では著しい経済成長の機会が生まれ、教育と雇用の機会の提供とが重要な課題となる。なお、2050年の65歳以上の高齢者の比率は16％程度と予想されている。

● 人口爆発の及ぼす影響 ●

地球の将来、人間の生存の前提となる3つの条件は、食料、汚染されてい

表 1　2050年の人口推計　（単位千人）

インド	1639176
中国	1402405
ナイジェリア	401315
アメリカ	379419
パキスタン	338013
インドネシア	330905
ブラジル	228980
エチオピア	205411
コンゴ	194489
バングラディシュ	192568
エジプト	159957
メキシコ	155151
フィリピン	144488
ロシア	135824
タンザニア	129387
ベトナム	109605
日本	105804
イラン	103098

世界人口推計2019年版データブックレット
国際連合経済社会局
簡易日本語訳：国立社会保障・人口問題研究所

ない水と大気、及びエネルギーである。それぞれについて、利用可能性（availability）、アクセス（access）、安定性（stability）の３点から問題を考えることが必要となる。安全で栄養に富んだ食料を利用することができるか、食料が必要な人・食糧不足に悩んでいる人々に物理的にも、経済的にも届くことができるか、食料が継続的・安定的に利用できるかが問題となる。汚染されていない水、空気についても同じことがいえる。

　人口増加と経済成長を支えるエネルギーの確保も不可欠である。石油石炭等の化石燃料による発電が環境に及ぼす負荷を抑えることが必要である。化石燃料の代替エネルギーと期待された原子力発電は事故によって発生する環境汚染のリスクが大きく、これに対応できるかが疑問視されている。太陽光、風力、潮力等の自然エネルギー・再生エネルギーの開発をどのように進めるのかが課題となっている。エネルギー確保については、環境保全、リスクの低減という課題との間で、最適な解を求めなければならない。大学の研究はこれらの諸課題に対する解答を示さねばならず、それを実現するのは大学が輩出する人材である。

● 教育の整備 ●

　今後の経済発展が予想される南アジア、アフリカ、中東などの新興国では、教育の整備が社会発展に重要な役割を果たす。教育制度の構築には学校制度という社会的なシステム、物的な教育施設・設備、および人的資源としての教員とが必要である。初等・中等教育を国民言語によって提供するには、それを可能とする教員養成が前提となる。初等・中等教育の充実とともに高等教育の整備も必要となる。高等教育がその国の産業、経済、社会発展の鍵であるのだから、新興諸国が高等教育制度の構築・改革を目指すのは当然である。国民の知的水準の一般的な向上がない限り、経済の成長、社会の発展、政治の安定はないからである。

　新興諸国が高等教育を自力で整備するのが困難であれば、日本を含む先進諸国がどのようにして、新興国の教育制度の確立、物的施設の整備、教員の育成に対して支援するかが重要な課題となる。とくに、高等教育を支える人材を先進諸国において育成し、母国に戻すという頭脳循環のシステムを作ることという課題がある。これにどう貢献するかは、日本の大学にとっても、重要な課題となっている。

　世界の急激な人口増加の結果生じるであろう高等教育への需要の増加に対して、どこの国が、どの大学が、どのような内容の高等教育を、どのようにして提供するかという競争が進行することになる。人道的支援ではあるが、

支援の結果生じる経済的、政治的諸利益を求めての諸国家間の競争が激化する。その中で日本の大学がどのような位置を占めることができるかが問題となる。日本の政府及び個々の大学にとっては、このように急増する人口に対して高等教育を提供することが新たな役割として要請されることになる。現地での高等教育機関を発展させるための制度的な整備、高等教育を担う人材の育成が重要である。現地国から日本への学生の移動を促進し、将来の大学教育研究を担うことができる者を教育すること、そのような者が母国の高等教育発展に寄与できるような頭脳循環システムを作り上げることが必要である。日本政府はマレーシア、エジプト、インド、ベトナムで現地国と協同して大学新設プロジェクトを実施してきたが、政府のみならず個々の大学にとっても、日本の大学を発展させるという観点から、新興諸国の高等教育整備に関わっていくことが必要である。

⑵　日本の人口減少・少子・超高齢社会

日本の人口減少

　新興国における人口の急激な増加とは対照的に、先進国においては高齢化、出生者数の減少、人口減少、人口構造の変化が生じる。

　日本についていえば、2019年の総人口は1億2624万人であり、15歳未満は1533万人、15歳以上65歳未満の生産年齢人口は7519万人、65歳以上は3571万人である。2050年の総人口は1億192万人と予想され、15歳未満1077万人、15歳以上65歳未満は5275万人、65歳以上75歳未満は1424万人、75歳以上は2417万人と予想されている。

表2　日本の人口

	2019年	2050年人口推計
総人口	1億2624万人（％）	1億192万人（％）
15歳未満	1533万人（12%）	1077万人（10%）
生産年齢人口	7519万人（59%）	5275万人（51%）
65歳以上人口	3571万人（28%）	3841万人（37%）

　現在と比べると総人口は2500万人ほど減少し、高齢化比率は38％程度に達し、2053年には人口が1億人を切ると想定される。出生者数はすでに2016年に100万人を切り、2030年には82万人程度と予想されている。

　大学入学者である18歳人口は第二次ベビーブーム世代の時代である1992年には205万人であったが、現在は110万人台であり、2030年には105万人程度と予想されている。日本の少子高齢社会の進行、18歳人口の減少のなかで、どのようにして、日本の大学はこれまでと同様の学力水準を有する学生を確保できるか、それよりまえに定員自体を確保できるかが問題となる。それ故、一方では、大学数・学生定員の削減が必然化する。他方では、海外学生を含めた学生を母集団とすること、および高度知識社会で活躍するために不可欠な知識と技能向上のための社会人再教育など、入学可能者の母集団を拡大することが必要となる。いずれにせよ、日本人の18歳人口を入学者の主たる対象としてきたこれまでの考え方を変えなければならない。

人口減少の及ぼす影響

　このような人口構造の変化は経済力の変化をも伴い、日本が世界に占める経済的地位に大きな変動をもたらす。たとえば、世界のGDPの中で日本の占める割合は1990年には13.3％程度であった。2015年の段階では5.86％にまで低下し、今後も一層の低下が予想され、2040年には3.8％程度になると想定されている。国の経済力の低下は国内における経済発展、社会保障に大きな影響を与えるのみならず、国家の教育投資、大学への財政的支援にも大きな影響を及ぼすことになる。

表3 18歳人口と高等教育機関への進学者数の推移（単位万人）

年	18歳人口	高校卒業者数	大学入学者数	短大入学者数	専門学校入学者数
1960	200	93	16	4	
61	190	96	18	5	
62	197	102	20	6	
63	177	99	21	6	
64	140	87	22	6	
65	195	116	25	8	
66	249	156	29	11	
67	243	160	31	12	
68	236	160	33	13	
69	213	150	33	13	
70	195	140	33	13	
71	185	136	36	14	
72	174	132	38	14	
73	167	133	39	15	
74	162	134	41	16	
75	156	133	42	17	
76	154	133	42	17	5
77	162	140	43	18	15
78	158	139	43	18	18
79	156	138	41	18	18
80	158	140	41	18	19
81	161	142	41	18	20
82	164	145	41	18	20
83	172	152	42	18	22
84	168	148	42	18	22
85	156	137	41	17	21
86	185	162	44	21	25
87	188	165	47	22	27
88	188	165	47	22	29
89	193	170	48	23	31
90	201	177	49	24	34
91	204	180	52	25	35
92	205	181	54	25	36
93	198	176	55	25	36
94	186	166	56	24	34
95	177	159	57	23	34
96	173	155	58	22	34
97	168	150	59	21	33
98	162	144	59	19	32
99	155	136	59	17	31
2000	151	133	60	14	31

年	18歳人口	高校 卒業者数	大学 入学者数	短大 入学者数	専門学校 入学者数
2001	151	133	60	13	32
2	150	132	61	12	32
3	146	128	60	11	32
4	141	124	60	11	34
5	137	120	60	10	33
6	133	117	60	9	30
7	130	115	61	8	28
8	124	109	61	8	25
9	121	107	61	7	25
10	122	107	62	7	27
11	120	106	61	7	26
12	119	106	61	6	26
13	123	109	61	6	27
14	118	105	61	6	26
15	120	107	62	6	27
16	119	106	62	6	27
17	120	107	63	6	27
18	118	106	63	5	27
19	117	105	63	5	27
20	117				
21	114				
22	112				
23	110				
24	106				
25	109				
26	106				
27	108				
28	107				
29	107				
30	105				
31	102				
32	96				
33	97				
34	101				
35	98				
36	96				
37	93				
38	91				
39	90				
40	88				

文部科学省　学校基本調査より

表4 18歳人口・高校卒業者・大学短大入学者数の推移

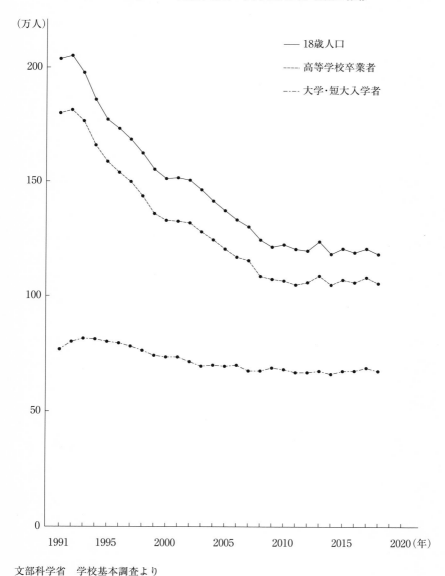

文部科学省 学校基本調査より

12

表5　世界の GDP の中で日本、アメリカ、中国の占める割合

単位　%

	1990	1995	2000	2005	2010	2015	2018
日本	13.31	17.56	14.43	9.99	8.62	5.86	5.85
アメリカ	25.35	24.62	30.28	27.40	22.68	24.37	24.23
中国	1.69	2.37	3.58	4.85	9.18	15.01	15.74

IMF World Economic Database より

　しかし、その年の経済生産力を示す GDP の低下はその国の国民が持っている経済的蓄積とは異なる。たとえば、2017年において、日本の政府・企業・個人の持っている対外資産残額は328兆円に達しており、日本は27年間連続して世界最大の債権国である。高齢化の進展に伴う社会保障支出の増加を効果的に抑制できたとしても、国家財源による大学支援を期待できないなかで、国民個人や企業が持っている資産をどのようにして教育・大学の支援に向けるかが重要な課題である。

　このような地球規模での人口増加と日本における人口減少、高齢社会、経済構造の変化のなかで、日本とその大学は、新興国とりわけアジア諸国との補完関係を作りながら、アジアの人々にとって魅力的な大学を作ることが発展の方向であり、そのための財政基盤の確立、及び適切なガバナンス・統治機構を作ることが課題となっている。

❸　グローバル化・全地球化の進展と独自性の保持

(1)　グローバル化とは

Globalization（グローバル化）

　現代世界の特徴は、資本、モノ、人間、情報が国境の壁を越えて全地球的に移動する状態が生まれたことであり、これは、Globalization（グローバリ

ゼーション・グローバル化・全地球化）という言葉で表現されている。Globalization という用語法は、20世紀末以来、公共的議論、政治学、経済学、社会学、人文科学等多くの学問分野において、頻繁に用いられるようになった。しかし、異なる意味と文脈で用いられており、この概念が現代世界を象徴するシンボルになるに伴い、その意味は膨張しつつあり、明確な定義がされているわけではなく、議論には混乱が生じている。とはいえ、この概念は、世界的な範囲で生じている変化を有効にとらえており、世界が変化しつつあることについての共通した認識を示している。そこで、大学戦略を考える前提として、必要な範囲で、グローバル化（Globalization）についての基本的な論点をまとめておこう。なお、2018年の統計によれば、日本に居住する外国人は266万人となり、人口の2％を超え、日本への外国人旅行者は3119万人となった。日本からの出国者は1895万人であり、外国に在留する日本人は135万人である。いずれもこれまでで最高である。

　Globalization の訳語として、ある事柄が地球全体に及ぶことを示すという意味で、中国語では全球化という用語が用いられている。日本語としても、全地球化という訳語が適切と思う。しかし日本の多くの文献ではグローバル化という用語が用いられているので、以下ではグローバル化・全地球化という用語を文脈に応じてつかいわけることにする。

　まず最初に、グローバル化（Globalization）と国際化（Internationalization）との違いに触れておこう。国際化とは、国民国家の成立、国民国家の独立性、国家による国内規制を前提とし、複数の独立した国家間の関係を指し示す国際（International）という概念をもとにしている。内国に存在するある事柄について、複数国家間で定められる原則によって規律することを意味する。

　これに対して、グローバル化とは、国家とは別の主体が、国家の境界を容易に乗り越え、国家を超えた活動を進めていく状態を示すものである。しかし、グローバル化が進行してもそれによって国家が消滅し、国家の境界が崩壊するわけではない。グローバル化は独立した国民国家の存在を否定するものではなく、国家の境界は存在するが、同時に、それを超えた活動が進んで

いる状態に注視することを意味する。

表6　グローバル化と国際化

国際化	国民国家が基本単位	国家間の關係
グローバル化	国家に加えて、人、企業、NPO 等が主体	国境を越えて移動し関係を結ぶ

　グローバル化はいつから生じたかについては、16世紀のヨーロッパにもあったとか、19世紀後半から始まったとする議論もあるが、20世紀後半以降のグローバル化の進行こそが重要である。第2次大戦後、通信・交通手段等の社会的基盤・インフラは劇的に改善された。現在では、人々、様々な団体・組織、異なる国々は、新たな方法で結びつけられ、旅行、通信衛星、インターネットなどにより、世界の様々な地域が結びつけられている。このような全地球的な結びつき、全地球化がグローバル化の本質である。

　グローバル化は経済活動によって推進されてきた。企業は経済機会を追求して、もっとも効率の良い地域へと進出し、有力な国家は企業の利潤追求活動を支持し、それを支える制度的な基盤を構築してきた。冷戦の崩壊以降、資本主義的経済制度・市場経済制度は世界のほとんどの地域を覆っている。全地球的なグローバルな連結関係を作る際、重要な役割を果たしているのは、言うまでもないが、経済的動機である。

　グローバル化は経済以外の多くの領域、文化的、政治的領域においても生じている。経済はグローバル化の主要な原因であるが、その影響、効果は市場社会の外にある事柄にも及んでいる。本書では触れないが、グローバル化を総合的に検討するには、経済、政治、文化の諸領域をカバーする必要がある。

　グローバル化の進行は個々の国家の政治社会とのせめぎあい、矛盾・対抗・衝突関係のなかで進んでいる。現代世界において、地域の出来事はグローバルな視野のなかで理解されねばならない。しかし、これはグローバル化が地域の出来事を決定するという一方通行ではなく、相互的な関係にあ

る。

(2)　グローバル化批判の諸潮流

● グローバル化への批判 ●

　グローバリゼーションにより世界の均質化が進んでいる、グローバル化は世界をより均質なものとし、人々は共通のものを有するようになり、地球はフラットになるという表現がされることもある。しかし、グローバル化の批判者にとって、このような中立的な記述は悪質・邪悪なものと写る。

　グローバル化の進行に対する批判にはいくつかのタイプがある。当初、1990年代には、グローバル化はアメリカを筆頭とする西側の行為であり、西欧の新自由主義的な経済ルール・国家制度の押しつけであり、西側メディアによる情報コントロールであって、文化的帝国主義を含むものであるという批判がイスラム諸国、南アジア、アフリカにおいてなされた。これは、外に向けてのグローバル化の対象となる側からの、それぞれの地域、国、地方・地区の持っている独自性が攻撃されることへの抵抗であった。

　今日では、西欧諸国においても、反グローバル化の潮流が強まっている。グローバル化により、一方では国内産業、とりわけ製造業が海外に移転し、他方では、移民・低賃金労働者の流入も進んだ。これらにより、国内の雇用が失われ、失業者が増えるとして、グローバル化への政治的反感が強まった。内なるグローバル化に対する批判である。それは同時に IT 化の進行によって雇用が失われる労働者からの抵抗とも重複している。全地球化による労働の分極化と社会的格差の拡大の中から、自国第一主義などのポピュリズム、外国人移民排斥運動などの反民主主義的傾向も生まれてきた。国内における内なるグローバル化のもたらす副作用にどのように対峙するのかが、国内政治の課題となっている。

表7　先進資本主義国労働者の反グローバル化の要因

製造業が移動・流入した新興諸国においては、仕事が流入し、雇用が生まれ、現地労働者の収入が上昇し、生活水準が向上し、新興国経済の発展が見られる。しかし、これに対しても、新自由主義経済批判という観点から、低賃金長時間労働により現地労働者は搾取されるのみであり、利益を得るのは一握りの資本家であるという批判がなされる。

このような批判にもかかわらず、経済的合理性を追求して行われるグローバル化の進行はとどまることがなく、情報通信技術の発展に伴い、経済以外の領域におけるグローバル化も不可逆的に進んでいる。

グローバリズム

グローバル化批判という点では、実態として進行するグローバル化・全地球化とイデオロギーとしてのグローバリズムとを区別する必要がある。社会的実態として進んでいくグローバル化は個人、国家、文化、社会の福祉にとって便益と副作用とをもたらす。市場経済はグローバル化により利益を受ける者と失う者との不平等を拡大し、文化の均質化の進行は多くの文化に困難を与えることも確かである。地域社会・経済の自律性の喪失によって個人は経済変動の影響に直接さらされる。グローバル化は、このような問題を含むプロセス・実態であり、このような問題を含みつつ進行していく。しかし、グローバル化という実態は、後に述べるように、同時にそれぞれの地域（Regional）、国家（National）、地区・地方（Local）、共同体（Communal）の持っている個性・独自性に着目すること、それとの相克のなかで進んでいくのであり、それぞれの独自性こそがグローバル化のなかでは重要な意味を持つのである。

　グローバリズムという考え方は、グローバリゼーションを不可避的なプロセス、進化の方向として一面的に宣伝し、それを推進するイデオロギーである。グローバリズムがもっとも強かったのは、1989年のベルリンの壁の崩壊、その後の東欧社会主義国の市場経済化、また中国における改革開放路線により、市場経済に基づく経済運営をする国や地域が広がり、市場経済の機能する地域が拡大した時期である。2007年のリーマンショックまでは無制約の市場自由主義、グローバリズムが跋扈し、地方・地区、共同体の独自性が無視され、資本は国境を越えて自由に移動していった。1989年からのおよそ20年間がグローバル化がもっとも喧伝された時期、グローバリズムが跋扈した時期である。しかし、その後は、無制限な市場自由主義に対する疑いが生まれ、規制がなされるようになった。現代では、独自性に着目するとともに、外に向けてのグローバル化によって生じる利益を享受する企業とその関係者、内なるグローバル化によって雇用を喪失する中小企業と労働者との間の格差が問題となっており、グローバリズムを喧伝する時代は過ぎ去った。

(3)　全地球化と独自性の保持

均質化の進行

　グローバル化により世界の共通化・均質化が進んでいるが、それとともに各地域の独自性の維持が重要な課題になっている。グローバル化は世界の共通化を進行させる。しかしこれは世界を均質のものとするわけではない。一般的な原則やルールはその地域の文脈のなかで解釈されなければならないし、世界が類似なものになる方向に対しては当然反作用が生じる。グローバル化が進むほど、それぞれの文化的・政治的相違・個性が重要なものになる。均質化の進行と独自性（identity）の強調とがグローバル化に不可欠の要素であり、各地域の独自性こそが重要となる。各地域・地方の独自性に全地球的な関心が集まり、それに魅力を感じ、人や情報がひきつけられるからである。魅力が地球的な規模で広まることがグローバル化の本質だからである。このことは、交易圏が狭い社会、経済発展段階でも、自分たちの特徴のあるものこそが交易の対象となっていたことから理解されよう。これはこれ

からも同じであって、違いが重要となる。情報、人の移動は今後ますます進展し、交流が深まっていくのは必然的である。と同時に、他方では、人々は自分とはなにかという問をこれまで以上に発することになり、独自性が強く認識されることになる。共通へ向かう傾向の中でどの様にして独自性・多様性を発揮し、尊重するかがグローバル化の進行における課題である。

● 独自性・多様性

　それでは、独自性（identity）とは何か。サミュエル・ハンチントン著鈴木主悦訳『分断されるアメリカ——ナショナル・アイデンティティの危機』は、アメリカ人のナショナル・アイデンティティについての議論をしている。彼は、identity の源泉として、属性、文化、土地、政治、経済、社会の６つをあげ、アメリカの国民的・国家的独自性（National Identity）をアングロアメリカの信条、キリスト教、英語の使用によって再構築しようとしている。独自性（identity）の定義づけに際しては、排他的な民族的・人種的属性、国民イデオロギーが用いられる危険性に十分に注意する必要があり、より普遍的に受容することができる制度的・文化的要因により独自性を定義づけることが必要である。

　日本の文脈では、国家や地域のアイデンティティーとしてどのような要素を盛り込むかが基本的な問題点である。これまでの日本人論、日本社会の独自性論は、神道的な世界観、稲作文明、異民族に征服されなかったこと等をあげているが、偏狭な排外主義に陥らないようにすることが重要である。本書の対象とする大学戦略論について言えば、全体としての大学戦略にとっても、個々の大学の戦略にとっても、どのような特性を、日本の大学、個々の大学としてのアイデンティティーとして確立するかが論点である。

　グローバル化と独自性の保持（Globalization and Identity）という課題について言えば、グローバルな・全地球的な方向性が、東アジアなどの地域のレベル、各国家の規制の中で存在しているという国家のレベル、各国家内の地方において存在している地方・地区のレベル、さらには生活の基礎的な単位となっているコミュニティという４つのレベル（Regional, National, Local,

Communal と表現できよう）において、この両者が、どのように矛盾・対立・調和・融合しているかを考える必要がある。これらの場面において、共通の動きとして進むグローバル化と歴史的・伝統的な要素にも深く刻まれた独自性との矛盾・相克関係が生じており、発展・変化の過程を複眼的な観点から考える必要がある。

　このように、グローバル化・全地球化は社会全体の関心事であり、それはまた21世紀の社会を決定する意味を持つ。それ故、グローバル化の進行状況とそれが含む問題点を理解することが現代の経済、社会、政治、文化理解にとり不可欠であり、大学のあり方を考える際の前提である。この点に関しては、アジアの時代（Asian Century, The Future is Asian）という表現に見られるようなアジアの独自性を強調する考え方にも注目する必要がある。世界の経済のなかでアジアの占める位置が強まるにつれて、アジアの歴史、文化、政治を共通の特徴があるものとして理解し、ヨーロッパや北アメリカのそれと対比する思想的な傾向も強まってきている。インドから日本までをアジアとして一括する論理、日本・中国・朝鮮半島を東アジア儒教圏としてまとめる論理もみられるが、それらもアジアの中の多様性・独自性にも着目しており、アジアの独自性アジア化を単純に強調するものではない。グローバル化の進展とアジアで強まるアジア化とは二者択一の関係にあるのではなく、全地球的に共通する傾向があることを前提としつつも、アジア及びアジアのそれぞれの国の独自性にも十分留意する必要があるということである。

(4)　グローバル化と高等教育政策

● 国民言語による高等教育の重要性

　高等教育の分野は、グローバル化、外へのグローバル化と内なるグローバル化、に対応しつつ、その国の高等教育制度及び個別大学の独自性をどのように維持・発展するかという課題を抱えている。高等教育分野でのグローバル化を考える際にも、国民国家の独立と発展が前提となっていることを確認する必要がある。

　ところで、国民としての統合性を確保し、議会において共通語による討

議・審議が必要であるという点では、国家にとっては、国民言語の確立が必要である。初等、中等教育における国民言語による教育の重要性は十分に理解されているが、国民言語による高等教育制度の確立も不可欠である。もちろん、その国の人口・経済規模の大きさ、一つの国民言語が成立しているか、複数の民族言語が国家の共通語として並立しているか、その国家が歴史的に生成してきたのか、人工的に作り上げられた国家かによって、国民言語による高等教育の整備発展の困難さ、容易さが異なり、多くの新興国はこの課題をいまでも解決できていないが、国民言語による高等教育の確立が国家の独立にとって重要な意味を持っていることに変わりはない。

外へのグローバル化・内なるグローバル化への対応

　大学は国民言語による高等教育を国民に提供するという基本的な目標を持っており、国民国家を前提として国内の学生を対象とするという意味で、国内市場を対象としてきた。しかし、全地球化・グローバル化の進行によって、大学においても国内市場と海外市場とを分けていた壁が低くなり、そのなかで大学における教育研究がどのように変容していくのかが問われることになる。

　例えば、世界の大学間における教育・研究に関する競争の激化、学生・研究者・教員・職員の国境を越えた移動が進行するに伴い、大学のカリキュラムとガバナンスの標準化が進む。標準化の結果、国境を越える移動は一層加速化し、教育言語の共通化、さらには教育プログラムの共通化・英語化等も進行する。これによって、日本の大学が世界から学生・研究者を迎え入れることが容易になり、また、日本以外の地域にも進出できる可能性が開ける。日本の大学で学んだ日本人・外国人学生が日本という狭い地域から飛び出して、全地球的に活躍できる能力を育成し、機会を提供することが今日の大学の役割である。

　他方、内なるグローバル化の進展により、日本国内においても、異なる文化的背景を有する人々が多数居住するようになり、どのようにしてともに共存できる社会を作るかが課題となる。日本に移動してきた人々に対して高等

教育を提供し、日本の大学で学んだ外国人学生を日本に定着させていくことを促進することが大学にとっても重要な課題となる。本書の目的は日本社会のグローバル化の進展のなかで大学はどのような役割を果たすのかを検討することである。

④　科学技術の発展と制御

● 科学技術の急激な発展 ●

　現代社会の第3の特徴は、科学技術のあらゆる面での爆発的な発展である。たとえば、情報に関する科学技術の発展、とくにコンピュータ、インターネットの発達は、電気の発明に匹敵する技術革命である。

　2016年のダボス会議では「第4次産業革命の理解」（Mastering The Fourth Industrial Revolution）がテーマになった。蒸気機関の活用による第1次産業革命、電気エネルギーの利用とフォード式工場大量生産方式により特徴付けられた第2次産業革命、コンピュータによる自動化・生産自動化による大量生産の実現という第3次産業革命の後に、人工知能、ロボット工学、モノのインターネット化（Internet of Things）によって、工場内外の生産設備、製品、人間が相互に繋がる第4次産業革命が到来したという議論がなされている。

　また、日本では、Society 5.0という議論もある。Society 5.0とは、サイバー空間と現実空間を高度に融合させたシステムにより経済発展と社会的課題の解決を両立する人間中心の社会とされる。狩猟社会、農耕社会、工業社会、情報社会の後に到来する新しい社会という意味である。第4次産業革命、Society5.0という議論はともに、コンピューター、インターネット、人工知能、ロボットの結びつきによる社会の発展が進むことを想定している。これを科学技術の発展・研究開発という面から支援することと、それと同時に、科学技術の発展の反面に生じる諸問題の解決とが大学の役割になっている。

　すでに述べたように、今後生じる人口増加と経済成長を支えるエネルギー

の確保が不可欠である。石炭、石油、天然ガス、シューエルガス等の化石燃料、原子力核エネルギー、太陽光・風力・潮力・地熱等の再生可能な自然エネルギーの開発も進んでいる。エネルギーの確保とともに、環境保全、災害リスクの低減という課題の解決が必要である。このような課題解決のための技術開発の基盤は大学の研究に求められる。

● 科学技術の発展とその制御

　DNAの発見から進んだ生命科学技術の進歩は、一方でヒトゲノムの解析、遺伝子レベルの研究、遺伝子操作へと進んでいる。再生医療により人間の臓器の再生も可能となろう。人間誕生から死亡までのすべてのプロセスが生命科学研究の発展によって解明されていく。今後の科学研究のなかでは、生命科学研究が重要性を増するが、生命科学の発展は、常に生命倫理の問題と直面する。

　これまでの医学は疾患の治癒が目的であり、そのために、医療行為、医薬品の開発がなされてきた。しかし、たとえば、アルツハイマーに対する医薬品が開発され、記憶力の欠損を補充できる治療がなされたときに、それを用いてそのような疾患にかかっていない者に対して記憶力を増強する行為を行うことも可能になる。植物や動物に対して遺伝子解析・操作により品種改良をしてきたが、人間という種に対してそのような品種改良をすることも可能となる。あるいはこれまでの人間の持っている様々な素質を改良し、組み合わせた超人を作るという道も開かれる。これを科学者の知的好奇心にゆだねるのではなく、広い分野の者の討議によって判断、制御することが必要であり、各国ごとのあるいは世界に共通する規準を作ることになるが、その前提となる知識を提供するのは、大学、大学人の任務である。

　人工知能は与えられた課題について解答を求めるために用いられてきた。課題を作り出す、考え出す方向へと人工知能を発達させれば、人間が持っている考え出す能力をも獲得する可能性も出てくる。このような科学技術の進歩に対して、その適切な制御が必要になってくる。さらに、生活や産業の基盤となる新たな材料の発明、人間や物資の移動をより安全・効率的にしてい

く交通手段の革命等も現実的な課題となっている。これらについても、環境保全、リスクの低減という視点からの制御が必要なことに変わりはない。

　このように、科学技術の不可逆的な発展が進むなかで、科学者・技術者の創造的な意欲の推進を確保しつつ、他方で、逸脱や副作用を防止し、発展の方向付けをすることが必要になっており、それを大学という制度の中でどのように実現していくかが喫緊の課題となっている。

　科学技術の進歩発展を促進するとともに、それがもたらす副作用を考慮しつつ、適切に制御し、発展させていくことが必要なことを示す過去の具体的な事例としては、化学肥料と農薬の発明とがある。農薬と科学肥料の使用によって、農業・農地の生産力が著しく高まった。化学肥料は、農作物の生長に必要なリン酸、カリウム等を人工的に補充することにより成長を促進させる。また、農薬によって、作物に対する害虫を駆除することが可能になり、農業生産力が著しく高まった。しかし、農薬は作物に対する害虫を駆除するのみならず、それ以外の有益な昆虫などをも駆除することにより、農業を営む生態系を破壊した。化学肥料は農地の地味を衰えさせ、ある時点から問題を増幅させることになった。

　農業発展にとって、化学肥料と農薬の発明は重要な貢献を成し遂げた。しかしそれは生態系環境に負荷と問題をもたらした。これは科学技術の発展とそれがもたらす環境負荷の一例である。農薬も化学肥料も使わない農法では、増大する人口の食糧需要を満たすことはできない。それ故、環境に対する負荷の低い農薬や化学肥料を適切な量と方法で用いることにより食糧需要の満足と環境への負荷の低減化という二つの要請を調和させることが現実的な選択肢とならざるをえない。現代の科学技術の発展の促進とその制御に関しても、農薬と化学肥料の使用に関する事例と同様な方向を探ることになる。

第2章

大学の発展段階と大学の三類型

❶ 大学の起源と3つの類型

⑴ 大学の起源

　これからの日本の大学のあり方を考える前提として、大学には歴史的発展の経路の違いにもとづいた類型的な相違があること、及び高校卒業者のなかのどれほどの比率の者が大学に入学するかにより、大学の性格に違いがあることをまず確認しておこう。

● 中世ヨーロッパの大学

　大学の歴史的発展経路の違いについて触れておこう。大学は時代により、その目的・使命・内容・特徴が変化してきた。現代の大学は、ヨーロッパで発展してきた大学にその原型がある。大学の淵源は中世に求められる。大学は普遍的な価値・知識を追求する場であるとされ、国民国家や近代的企業が生まれる前の中世ヨーロッパで生まれた。中世の大学は、現代の大学のように研究を使命とするのではなく、神学、医学、法学の専門家を養成することを目的としていた。当初の大学は聖職者の育成が主要な目的であった。その後、都市と経済の発達に伴い、取引社会において紛争が増加し、その解決をはかる法律家が必要になった。法律家は、それぞれが、相対立する立場か

ら、紛争について、自己に有利な結論を導くような論理を主張する。主張に際しては、ローマ法大全という権威ある典拠にもとづいて、論理的な構成をする必要がある。裁判官は、ローマ法大全の解釈という方法によって、時代の要請に適合する柔軟な結論を導きだし、さらに、その結論に対してなされるであろう批判に対して、洗練された方法で防御する論理を示した。権威ある典拠を、個別・具体的な紛争に当てはめて、妥当な結論を導くという方法を訓練する法律学を学ぶことが、中世の大学教育の中心であった。聖職者、医師、法律家という重要な社会的機能を果たす専門的知識人は、自律的にその機能を果たすようになり、社会がそれらの専門職の権威を尊重し、承認するようになり、これら専門職に従事する者の育成が大学の基本的な機能となった。

　この場合の職業概念は、決して狭い専門性を指すのではなく、中世の大学教育は、自由学芸科目、人文学や哲学を重視しており、それを土台とした専門的職業を意味するものであった。中世の大学は三学四科という文法、修辞、論理、算術、幾何、天文、音楽を教えるものであり、自由な文芸教養を重視していた。しかし、社会において必要な職能を果たす専門職業人の育成とは、対立するものではなく、両者の習得が目的であった。もちろん、専門職教育と科学研究との間の性格や目的の違いは明確に意識されていた。職業教育は科学によって体系化された内容・知識を習得し、社会生活に応用するのであって、そのような知識を最終的な成果として導き出す科学研究に従事することとは違うことも理解されていた。とはいえ、自由学芸科目、人文学・哲学を学ぶことと専門的職業にたずさわるための教育を受けることとの双方が大学教育の目的とされていた。しかし、自然科学の研究は大学の役割とはされておらず、好事家の趣味、職人層の仕事と理解されていた。

● 近代の大学

　大学の淵源は中世ヨーロッパにあるが、現代の大学理解にとって、より重要なのは19世紀以降に発展した近代の大学である。現在、世界にはおよそ2万の多様な大学が存在している。広い意味での大学とは、初等・中等教育終

了後の高等教育機関であること、職業訓練学校ではなく高度の専門職に就くための基本的な素養を提供する組織であること、大学教育は研究に基礎を置くものと理解されていること等である。これらの特徴はどこの国にも共通している。

　現代の社会においては、大学の目的や使命は異なり、それぞれの国や地域において果たしている役割は多様である。しかし、多様な大学をある程度の類型に分類して論じることが可能であり、有益である。国家と大学との関係を基準として、大学を類型的に区別すると、現代社会の主要な大学は19世紀以降近代ヨーロッパで発展してきたヨーロッパ大陸型とアングロ・アメリカ、とりわけアメリカ型モデルとに区別することができる。

　しかし、日本の大学制度の基本的特徴はこれら二つのモデルのいずれとも異なる。近代国家の要請によって設置されたという特徴があり、それらは中国、台湾、韓国、ベトナム、シンガポール等にも見られ、東アジア型大学というべき類型を考えることができる。歴史的に見れば、日本はこの東アジア型類型のなかで先駆的な発展を遂げた。しかし、現在では、急速な経済発展によって、大学への投資が急激に増加しているアジア諸国の大学発展と比べると、経済の停滞、大学への財政投資の減少の結果、日本の大学は危機的な状況にある。

　以下では、最初にその二つのモデルを簡単に紹介し、その後、東アジア型大学類型の先駆的な形態である日本型の大学制度の特徴を確認しておこう。

(2)　ヨーロッパ大陸型大学制度

● ドイツ型大学制度

　大学制度は近代国家形成前の中世ヨーロッパに起源を有するとはいえ、現代の大学にとって重要な意味を持つのは、19世紀のドイツにおいて発展してきた大学像である、それは、研究を基礎とし、同時に教養主義的な人格形成をも目的としていた。フランスでは、高等教育制度は中世のパリ大学以降発展してきた大学と専門的な高級科学技術者の育成を目的とするグランゼコールとからなっており、ドイツとフランスとの違いは無視できない。しかし、

　以下では、近代ドイツで発展し、現代ヨーロッパ大陸で一般的となっている大学像をヨーロッパ大陸型大学制度と呼んでおこう。

　ヨーロッパ大陸型大学制度においては、国あるいはドイツのような連邦を構成する国においては州政府によって設置された公立大学が中心である。政府以外の法人が設置する私立大学はきわめて例外的である。国民の基本権・市民権（citizens right）として、高等教育を国民・市民に保障するという基本原則に基づいて大学が設置されている。真理の探究、新たな知識の獲得を行う場である大学は、公共的な性格を有しており、国家・政府は公共財としての大学教育を市民に提供するという理念に基づいて大学を設置している。近時は公立大学においても名目的な授業料が徴収される事例があるが、高等教育は無償が原則である。

◖市民権としての大学教育◗

　高等教育へアクセスできる権利が市民権として保障されているので、原理的には学力・能力による入学者選抜は存在せず、大学で学ぼうとする意欲のある希望者を受け入れることになる。もちろん、入学希望者が多い分野に関しては高校時代の学業成績に基づく選抜を行うことになる。成績による入学者選抜をしない場合には、入学後の学科目試験により学生の篩い分けをし、進級できない者を多数作り出し、それら学生は自主的に退学せざるを得ないという仕組みを作り出している。そのため、人文・社会科学系統の学部においては、大学1年生の授業は1000名以上を収容する教室を用いて、一方的な講義形式で行うことが多い。その結果、学年が進行するに伴い、学生数の規模が縮小していく。

　この類型では、多様な大学があっても、大学の質には差異がないという前提をとっている。それ故、学生の大学間移動は自由であり、自分の希望に基づいて、学ぶ大学を変更することができるという利点がある。その反面、学生の卒業大学への帰属意識は薄く、アメリカや中国に見られるような、卒業生が大学に寄付するという文化は存在しない。公財政による大学経営が前提とされているので、私人・企業による大学支援という社会的風土も存在しな

い。基本権としての大学教育がすべての国民に平等に公的に保障されている
ことの結果、国家財政支出に占める高等教育費の比重が高くなる。この類型
の大学制度を採用する国においては、総合大学とともに専門分野別の単科大
学が併存していることが多い。どの国においても、医学部を中心とする単科
大学が存在しているが、特に工科系、科学技術系の大学が単科大学として発
展してきており、それら単科大学の占める比重が大きい。ドイツではとりわ
けそうである。

　なお、フランスにおいては、市民権としての機会の平等が保障されている
大学制度とは別個の、厳しい選抜試験によって選ばれたエリート教育をする
グランゼコール制度が併存している。技術者、科学者、高級官僚、大企業経
営者はグランゼコール出身者で占められている。選抜は学力試験のみでおこ
なわれ、機会の平等は、形式的には、一応確保されている。しかし、選抜試
験を突破できる階層は、学生の家庭環境という文化的背景によって、実質的
には限定されている。フランスでも無償かつ市民権としての公教育という大
学教育に関する基本的な理念はドイツなどと違いはない。

ヨーロッパにおける中等教育

　この類型の中等教育においては、大学進学を想定している教育機関と職業
教育を目的とする教育機関とが分かれている。前者（ドイツにおけるギムナ
ジウム、フランスにおけるリセ）においては人文教養教育が重視されており、
大学入学後はそれぞれの分野での専門教育が中心となり、学士課程において
自由学芸科目、教養科目を履修するというシステムにはなっていない。

　他方、これらの国においては、職業訓練教育を受けた職人層に対する社会
的な尊敬度合いも高く、大学教育を受けることが労働者階層にとっての一般
的な希望になっているとはいえない。大学教育を希望するかどうかは家庭の
文化的背景によって規定されており、労働者階層とそれ以外の知識階層との
間に存在する歴史的・文化的資本の違いが現代でも残存している。

　ヨーロッパ大陸型大学制度をまとめると、市民の公教育を求める権利とし
て、大学教育の権利が保障されており、無償を原則とする。学生選抜は原則

として存在しない。大学間には機能の違いはあっても格差はないという前提
等が基本原理となっている。市民に権利としての公教育を保障するという要
請は、国家の科学技術力、産業力強化というような目標とは一応切り離され
ている。そして、科学技術の推進は、大学とは別個の、国立・公立の研究所

表8　理念型としてのヨーロッパ大陸型中等・高等教育制度

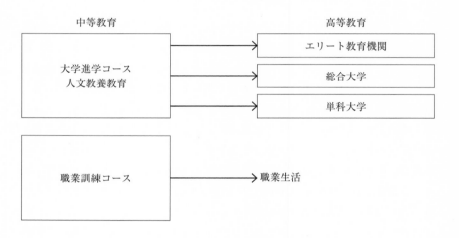

表9　理念型としてのアメリカ型中等・高等教育制度

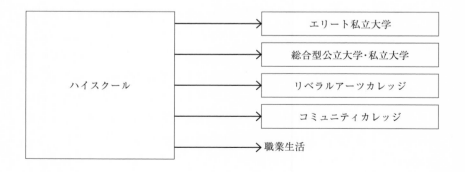

によっておこなわれているのが特徴である。

(3)　アメリカ型大学制度

● アメリカにおける大学の発展 ●

　アメリカとイギリスの大学の歴史的な起源は、15世紀から17世紀にかけてのオクスフォード、ケンブリッジに由来する。イギリス、とりわけイングランドでは、19世紀になって宗教的色彩のない大学（ロンドン大学等）が生まれ、1960年代に多くの公立大学（ウォーリック大学等）が誕生し、さらに職業教育を中心にしていたポリテクニックが1993年の制度改革により、大学になった。現在の大学制度はヨーロッパ型と類似している面もあるが、独特な歴史的発展を遂げてきたので、本書では立ち入らないこととする。

　日本にとって関係が深いのは、私立大学の占める役割の大きいアメリカの大学制度である。独立戦争後、南北戦争前のアメリカでは、高等教育を支えるカレッジと中等教育機関であるアカデミーが教育需要を満たしていた。19世紀半ば以降、アメリカの大学人のなかで、アメリカの高等教育制度の不十分さが認識され、20世紀にかけて、ドイツの高等教育（大学院制度、学問の自由、講義・ゼミ・研究室からなる教育システム、博士号制度、教授職の専門化）をモデルとして、高等教育制度が大きく発展していった。この時期に、農業、機械産業に従事する者の育成を目的とした州立大学の設置が始まる。第2次世界大戦はアメリカの研究大学の発展に決定的な影響をもたらした。戦争の遂行、その後の冷戦のなかで、高等教育は個人的な利益をもたらすのみならず、国家的な利益となることが理解され、連邦資金による恒常的な研究支援が開始された。また、戦後の帰還兵達の州立大学への進学は、民主主義的精神の涵養、知的教養、及び産業に必要な科学技術力の育成という内容からなる公民教育が目標とされ、大学進学者が著しく増加し、大学キャンパスに大きな変化をもたらした。また研究大学では軍事研究の色彩をも帯びた科学・工業・技術研究が進展し、20世紀の後半からはアメリカの研究大学が世界の大学モデルとなった。

　アメリカには200ほどの研究大学（そのうちの60校ほどが大学の研究力ランキ

ングを独占し、博士号取得者の半数を占め、連邦政府の付与する研究費の大部分
を受けとっている）の他に、州立大学を中心とする700ほどの総合大学があ
る。規模の小さな1000ほどの私立大学もあり、リベラルアーツ教育をしてい
る名門カレッジは優秀な学生を集めて最高水準の教育を施しているが、大多
数は実学的なカリキュラムを提供し、授業料の安い州立大学と学生の獲得競
争をしている。これに加えて、２年制のコミュニティカレッジが1000以上存
在している。

● アメリカ高等教育の多様性・エリート私立大学

　このようなアメリカ高等教育制度の特徴はその多様性にある。アメリカに
おいては、博士号を授与できる研究大学とそれ以外の教育大学との区別が明
確である。多様な大学のなかでは、少数の研究大学及びリベラルアーツ大学
からなるエリート教育をする私立大学は、州の市民教育を担当する州立大学
（総合大学とコミュニティーカレッジを含む）と明確な違いがある。アメリカの
大学生の多数は州立大学などの公的なセクターに所属している。アメリカの
大学制度は、ごく少数のエリート教育・研究大学とそれ以外の大学との区別
が明確なイギリスの大学制度の特徴を引き継いでいる。

　アメリカでは、エリート私立大学は上流階層による支配という社会構造の
維持機能を営んでおり、入学者選抜が重要な役割を果たしている。エリート
大学は、学力以外の社会的な背景・家庭環境・家族の伝統をも含んだ入学者
選抜基準によって階層構造を維持することができる。これに加えて、エリー
ト大学は、豊富な奨学金の付与により、学業がきわめて優秀な少数民族出身
者、貧困世帯出身者をも入学させることができる。学業成績が優秀な学生を
入学させることにより、業績主義社会の基盤強化を図ることができる。その
結果、エリート私立大学卒業生は、質の高い優れた高等教育を受けることが
でき、同時に、将来は、社会的威信と経済的利益を獲得できる。エリート私
立大学では、対価としての高額な学費が徴求されるが、それに加えて、宿舎
費・食費等が別途徴収される。したがって、高いコストを支払って獲得でき
た卒業生という資格に対する拘りの度合いが強いのは当然である。さらに、

優秀な学業成績と潤沢な奨学金の結果、エリート大学を卒業でき、階層の上昇という結果を享受できた貧困家庭出身者の卒業大学への帰属意識はきわめて強い。アメリカでは、所得の5パーセントを寄付するという文化があるので、エリート大学に対する寄付文化が強いという特徴もある。

　私立のエリート教育・研究大学は、学力が優秀であるが経済的に進学困難な学生を獲得するために独自の奨学金制度を設けている。その結果、州立総合大学に進学する学生は高額の学費ローンを抱えることになるのに反して、学力に優れた貧困家庭出身者は、学費の減免、大学独自の給付奨学金制度によって、地域の州立総合大学よりも、東部の私立エリート大学に進学する方が経済的にも有利となる。優秀な頭脳・学力を有する学生を社会の上層階層に組み込んでいくシステムができあがっている。

● 州立総合大学の役割 ●

　州立大学は州内からの学生に対する公民教育を使命としている。州立大学は戦後に発達したものであり、戦前において私立大学で行われていたエリート教育を、多くの市民に教養を得る機会として普及させ、教養ある市民によって民主主義を支えることを理念とし、また、州内の産業を育成・発展させる人材の輩出を目的としていた。各州は、広い範囲の学力層から、学生を受け入れる総合大学を州内の各地に設置し、同時に、学力の高い層をもっぱら受け入れる旗艦大学（Flagship University）をも設置した。カリフォルニア大学バークレー校、ミシガン大学、イリノイ大学、ワシントン大学等がその例である。

　カリフォルニア州では、1960年に策定されたカリフォルニアプランが大学教育の基本原則を定めており、カリフォルニア大学システム（University of California System）は高校卒業生の上位12.5％に入学資格があり、研究大学であるのみならず、充実した学士課程をも有する。カリフォルニア州立大学システム（California State University System）は、高校卒業者の上位3分の1の学生に入学を保障しており、学士課程教育を提供している。2年制のコミュニティカレッジ（Community College）は高校卒業生、18歳以上の市民

に対して開かれており、大学の前期課程に相当する教育課程、職業関連教育、補習教育、市民教育、英語を母語としない学生への英語教育など多様な教育を提供している。さらに、入学後には、学生の希望と学力とによって、他のシステムへ移行することが大幅に認められている。

　州立大学の学費は、元来は公民教育という観点から、低廉であった。近時は、公財政支出の削減、大学教育享受によって卒業生が獲得する経済的利益の吸収という考えに基づいて授業料が高額化してきた。そのため、多くの学生は、大学教育の享受により卒業後、獲得するであろう利益を引き当てとする学費ローンを受給することになる。卒業後、就職できない場合や、就職により得られる収入が少ない場合には、学費ローンの返済に困難を来すことになり、これが社会問題化している。

　アメリカ型大学制度は、国家によってではなく、市民の間から自生的に生まれたものである。民間非営利教育組織としての大学は、政府や企業からの研究資金に基づいて研究活動をし、学生からの学費、卒業生・一般社会からの寄付に基づいて教育を提供する。私立大学セクターは、学生数は少ないにもかかわらず、アメリカ高等教育のなかで中心的な地位を占めている。州政府・市等の自治体が公民教育を目指して設置し、比較的低廉な学費によって学ぶことができる公立大学・公的セクターとが併存している。公立大学は州民の教育を主たる目的としているが、旗艦大学を研究大学として展開することもおこなっている。いずれにせよ、それぞれの大学の社会的使命は明確であり、多様な大学が併存している点がアメリカ型大学制度の特徴である。

⑷　東アジア型大学制度

● **先導的事例としての日本の大学制度** ●

　日本の大学制度はヨーロッパ大陸型でもアメリカ型でもない独自の類型として発展してきた。19世紀における西欧列強によるアジア侵略への対抗として、国家の近代化を担う人材の育成を目的として生まれた。それ故、国家にとって有用な学問領域を選定し、そこに優先的な投資をした。たとえば、国家行政制度をになう法制官僚、鉄道・道路・港湾・河川整備等の国家の物的

基盤整備に必要な人材、健康医療をになう医療系人材、国家・国民の防衛に必要な科学・軍事分野の人材育成が中心となった。近代国家形成前に自生的に大学が発展した国においては、大学教育を受けた者が、近代国家の骨格、近代科学を発展させていった。しかし、日本をはじめとする東アジア型大学類型においては、大学において教育研究する科目をも国家の優先順位に基づいて決めたのである。たとえば、東京大学の法医工文‥‥という建制順位、工学部における土木工学科（現在は社会基盤学科）を筆頭とする建制順位はこのことの典型的な表現である。

　大学の入学者選抜は、中華圏の文化地域における科挙以来の伝統に基づき学科のみの全国的な統一試験に基づいて行われた。国家枢要の人材を国家的目的で育成するのであるから、低廉な授業料を徴収するにとどめた。儒教以来の学問重視という社会的な伝統を基盤とし、学問・教育による立身出世という国民の教育観に依拠して、大学制度を整備していった。しかし、それは市民権としての高等教育の保障という論理に基づくのではなく、近代化の中核となる人材の国家的育成という論理に基づいていた。それ故、帝国大学が中心的な地位を占めたのであった。戦後には、戦前の高等教育機関が合併した地方の国立大学が地域住民の高等教育の需要に応えるものとして設置された。現代でも国家は国民の知的能力を高めることによって国際的な知の競争に打ち勝つという論理にもとづいて国立大学制度を運用している。それ故、大学入学者の選抜は知的能力のみによる選抜であり、教育による人材選抜・選別機能が重視されることになる。

　これとともに、近代化の担い手は国家によって育成された人材ではなく、独立した市民によるのであり、国民が自ら作った大学により学んだ人材が近代化の中心となるという論理に基づいて民間による大学の設置もなされた。国家による近代化とは異なる市民による近代化を目標として私立大学が生まれてくる。日本では、福沢諭吉や大隈重信によって創始された慶應義塾や早稲田大学がその典型である。韓国においては、延世大学は宣教師によって近代化に必要な人材育成のために、高麗大学は民族自立を担う人材の育成のために設立された。

　日本では、戦前における複線的・階層的な高等教育秩序（帝国大学・官立大学・私立大学・専門学校・師範学校等から構成される）においても、また戦後の新制大学の設置以降においても、国家的な政策目的を遂行するための国立大学と、国民の教育需要、職業選択の可能性を高めるために民間が設置する私立大学とは、異なる範疇にあるとされ、文科省の高等教育行政は国立大学を中心として組み立てられてきた。しかし、現在では、人文社会科学分野における私立大学の優位、地方国立大学の人文社会科学教育と研究の劣悪化が進んでいる。自然科学分野においては国立大学と私立大学のそれぞれの一部が研究大学としての役割を果たしている。地方国立大学は教育大学としての性格を強めつつあり、これまでの大学行政の根本的な見直しが必要になっている。

● アジアにおける大学の飛躍的な発展 ●

　国立大学・旧帝国大学を中心とする日本の大学制度は、東アジア型大学の先導的事例であり、その典型的モデルとして位置づけることができる。中国、台湾、韓国、ベトナム、シンガポールなど東アジアにおいては、社会の近代化、経済発展の中核的人材を育成する国家的機関として国立大学が設置されている。全国的・統一的な学力試験によってのみ入学者を選抜し、国家の財政的な支援による国立大学を通じて国際的な知の競争に打ち勝ち、先端的な産業育成に必要な研究を支援するという仕組みは共通している。東アジア型大学制度はこのような特徴を持っているのである。

　最近では、シンガポール、香港、中国、韓国の大学の研究水準および教育水準が飛躍的に発展してきた。アジアの大学ランキングによれば、北京大学、清華大学、シンガポール国立大学、ナンヤン工科大学、香港大学、香港科学技術大学、香港中文大学、ソウル国立大学等は、東京大学や京都大学よりも高い水準にある。これは、国家的な科学技術・産業政策として、大学へ大規模に予算が集中的に投資された結果である。改革開放後の1990年代以降の中国の重点大学（945政策、211政策）は、この類型の特徴をもっともよく示すものである。中国では、年10％を超える経済成長率を背景にして、大学

への財政支援も、毎年それ以上の水準で増加してきており、中国のトップ大学の財政規模は東京大学や京都大学よりも大きなものとなっている。後に論じるように、すでに、科学技術の研究成果は日本の大学を凌駕するに至っている。

表10　Ｑ Ｓ（QS World University Rankings by Region）アジア大学ランキング 2019年度

1	シンガポール国立大学
2	香港大学
3	ナンヤン工科大学
4	清華大学
5	北京大学
6	復旦大学
7	香港科技大学
8	韓国科学技術院
9	香港中文大学
10	ソウル国立大学

表11　THE（Times Higher Education）アジア大学ランキング 2019年度

1	清華大学
2	シンガポール国立大学
3	香港科技大学
4	香港大学
5	北京大学
6	ナンヤン工科大学
7	香港中文大学
8	東京大学
9	ソウル国立大学
10	成均館大学

日本の大学発展の停滞

これに対して、日本においては、政府全体において、高等教育が国家の発展戦略にとってきわめて重要であることの認識が乏しい。諸外国の発展と比較した場合、政策立案者も一般国民も、日本の停滞・立ち後れを認識せず、危機感もない。多くの国民は、30年ほど前の業績に対して付与されるノーベル賞受賞者の数が多いことをもって、現在の研究水準を示すものと誤解している。文部科学行政も、年々減少する大学関連予算を、薄く広くばらまく旧態依然の文教政策を継続してきた。その結果、世界の科学技術研究競争の中で日本の国立大学の地位は継続的に低下してきた。また、日本・韓国・台湾以外の東アジアでも、国立大学とは別個のセクターとしての民間による私立

大学建設が進行し始めている。しかも、その地域の有力な企業オーナー、海外で活躍する企業や団体からの、多額の資金提供によって創設され、アメリカのエリート私立大学をモデルとしたエリート研究大学として発展することを志向している。私立大学セクターにおいても日本の優位性はすでに崩れつつある。

このように世界の大学制度の類型的な理解、少なくとも三つの基本的類型があることを前提として、それぞれの国における歴史的発展にも考慮しつつ、現代社会において大学が直面している課題を比較しつつ考察することが有効である。日本の大学の今後を考える際には、ヨーロッパ大陸型、アングロ・アメリカ型から特定の手法・考え方を移入することは有効な手法とはならず、東アジア型大学類型における国家の戦略的役割の重要性を念頭において大学の発展戦略を作る必要がある。

❷ 大学教育のユニバーサル化

● エリート・マス・ユニバーサル

マーチン・トローが述べたように、どの程度の割合の人口が大学に入学するかによって大学の社会において果たす役割が異なってくる。現代の日本社会では、大学入学者が同一年齢人口の5パーセント程度のエリートの時代から、15パーセント程度のマスの時代を経て、50パーセントを超えるユニバーサルな段階に入っている。

単純化すれば、学力的には同一年齢層のトップから50パーセントまでの学生が大学に入学してくるのであるから、学力による選抜試験を実施すれば、大学によって入学者の学力が違ってくるのは当然である。どの学力レベルの学生を対象とするかで、大学の機能別分担が生じることになる。このことをもっとも端的に示すのが前にも触れたカルフォルニア州における大学制度の役割分担であり、研究型大学、地域市民の教育大学、職業教育型大学という役割分担が明確になっている。日本においても同様な役割・機能分担が不可

避であり、各大学は自らの役割を明確にすることが発展戦略を策定する第一
歩である。

大学入試制度の機能

　大学入学試験制度は18歳時点の学力によって学生を異なる大学に配分する
という機能を果たしている。学力のみによる配分にも問題はあるが、明確か
つ客観的な尺度に基づくものであり、それにより大学の機能別分化が進んで
いくのは必然的である。進学率の上昇によって、大学教育を受けることので
きる学生層が拡大し、学力の分布状況が広がることは、多くの人々に教育の
機会を保障することであり、教養ある市民を作ることは、現代の高度な知識
社会においては、望ましいことである。しかし、どのような学力の学生を受
け入れるかによって、大学の機能別分化が必然化せざるを得ない。学生個人
の学力レベルによってどのようなタイプの教育を受けることができるかが違
うことになる。

　また、学力以外の芸術・音楽・運動などについての個人の才能・志向・興
味・関心・技能等には違いがあり、それらの才能は人生を豊かにする。社会
では客観的な数値により測定される学力以外の能力、忍耐力、責任感、集中
力、他人との協調性、リーダーシップ、コミュニケーション能力など非認知
的能力が重要な意味を持つ。学力は人間の能力・才能のごく一部を占めるも
のである。しかし、大学の入学者選抜試験ではこれらは考慮されず、もっぱ
ら学力によりどのような教育を受けることができるかが決まる。

　国家にとっては、大学は労働力育成・配置政策の中心を占めるものであ
り、大学を将来の職業人育成という観点からとらえるならば、大学の機能的
な分化は必然的な方向である。それ故、学力を第一義とし、それ以外の能力
をも加味するという入学者選抜方式が採用されることになる。国家としては
学力を中心とする入学試験により、どのような種類の労働力がどれほど必要
かを想定して、どのような種類の学生に対して、どのような内容の教育を提
供するのかという機能割り当てをすることになる。ユニバーサル化の段階に
至れば、大学の果たす役割は機能分化していくので、国家として、大学制度

内での機能分類をすすめるとともに、個別大学はその中で自分の位置を定める必要が出てくる。このことによって、それぞれの大学は自らの特徴・独自性を発揮するという道を選択する。

③ 大学の多様性

● 文部科学省による大学の機能的分化の試み

　文科省は各タイプに応じた大学改革や教育研究を推進するための戦略とその具体的取り組みを審査し、その結果によって運営交付金を増減するという仕組みを導入している。例えば国立大学を、卓越した教育研究タイプ（世界型・16大学）、専門分野の優れた教育研究（特色型・15大学）、地域貢献型（55大学）という３つのタイプに分け、2016年度（平成28年度）は運営交付金の約１％にあたる101億円を再配分の対象とした。さらに、研究重点大学を指定し、国立大学の資金配分と関連させた機能別分化を意図している。例えば、研究大学強化推進事業は17の国立大学法人、２つの私立大学、３つの大学共同利用機関法人を選定している。加えて、中教審は「2040年に向けた高等教育のグランドデザイン」をも策定した。これらは文科省主導による他律的な国立大学法人の機能分化の試みである。

　しかし、個々の大学が自らの特徴を自覚した上での、大学の独自性を強化するという観点からの、自主的な判断に基づくものでなければ、意味のあるものとはならない。

　しかも、現在必要なことは、伝統的な設置形態・所有形態（国立、県立・市立、私立）別の議論を脱却して、日本の全大学を対象とした機能的な分類に基づく戦略である。11の研究大学からなる RU11（学術研究懇説会）はその例であるが、イギリスの研究重点大学の自主的な組織であるラッセルグループのような影響力は持っていない。様々な基準に基づいて大学を類型化することが可能である。18歳時点での学力は重要な要素であるが、学生が卒業後希望する職業の違い、立地の違い（大都市圏と地方との違い）、大学設立の目

的・使命・役割の違い、研究中心大学と教育中心大学との違い、大学の規模の違い、女子大学、人文社会系、理工系、医科・医療看護系、教育系、芸術系、体育系等多様な単科大学と総合大学との違いなどにもとづいて、各大学がその独自の発展戦略を描き、同種の大学と連携することが必要である。

各大学の独自性

　各大学が独自の発展戦略を描くに際して、国家による大学に関するグランドデザインの策定は無視できない。しかし、各大学は自己の位置を画定し、その方向性を決定することが必要である。各個別大学にとっては、戦略を実施するための、内部における統治（ガバナンス）体制、経営・管理・運営（マネージメント）体制の構築が重要となる。詳細については別途考察する予定であるが、個々の大学における統治体制は多様である。例えば、学長の選出方法・権限が異なるのみならず、実際に選出された学長の指導力も多様である。大学経営の中心である理事会も多様であり、理事長および理事の権限・資格・実質的機能は大学により異なる。さらに、評議員会については実質的な意思決定機能を有する場合から単なる諮問機関である場合までこれまた多様である。その構成も卒業生中心の場合と一般有識者中心の場合などがある。また教授会の権限も独立性（排他性・孤立性）の高い場合もあれば、経営権に従属している場合まである。いずれにせよ個々の大学の日本の大学全体のなかにおける位置づけ及びその内部的な統治構造、意思決定実施体制はともに多様である。各大学は、大学の多様性を前提として自大学の特徴を踏まえた議論をし、独自の戦略を構築する必要がある。

　日本の大学は多様であり、一律の議論はできないが、これまで述べてきたことを前提として、本書では、大学のグローバル化という視点から、日本の大学に共通するいくつかの特徴を論じる。以下の議論は、大学の大きさは関係がないし、設置されている学部の数を問わない。なお、すべての大学に学部という教学単位が不可欠とはいえない。小規模大学の場合、複数学部を有するよりは、むしろ1学部として、学部内を学科とするのではなく、プログラムに分け、カリキュラムを作るという方向が望ましい。教員の採用、学生

への教育、カリキュラム作成においても、プログラム制、コース制の仕組は柔軟に運用できる利点をもっている。入学試験に関しても、学部別に複数回行うのではなく、一括して、時期をずらして、複数回行うのが適切であるということができる。

　また、以下での議論は、日本のどの地方にある大学にも当てはまる。地方にある大学にとって全地球化は無縁であることを意味しない。むしろ、今後の日本社会にとっては、内なるブローバル化及び外へ向けてのグローバル化のいずれについても、大都市にある大学よりも地方にある大学の果たす役割が重要である。情報革命、インターネット通信によって、国境を越えて、日本の各地方・地区が直接に世界の各地域、地方・地区と結びつくことが可能になっている。地方にある大学は、地域の自立を学問的に基礎づけ、支援するという独自の役割を負っている。地方にある大学にとっては、そこで学ぶ日本人、外国人学生を卒業後、地域の自立を支える人材として育成することが重要であり、全地球に対して発信できる人材、地球のあらゆる地域から学生が参集する場を作ることが必要である。地方にある大学にとっても、外へのグローバル化、内なるグローバル化に積極的に対応することが、緊急かつ切実な課題であり、この方向への発展が不可避である。

第3章

大学の発展戦略
——危機と希望の狭間で——

❶ 日本の大学の特徴

(1) 大学という制度

● 大学における教育・研究・人材育成

　第2章では、日本の大学は東アジア型大学の典型であり、ユニバーサル段階にあり、各大学はその独自性を発揮することが重要であり、日本社会の内なるグローバル化と外に向けてのグローバル化の中で自大学の役割を再定義するという共通の課題に直面していることを、確認した。大学戦略とは大学という組織全体の目標設定及びその目標の実現に向けた様々な手段の全体ということができる。そこで、大学の発展戦略を考える前提として、大学という組織の一般的特徴及び日本の大学の特徴について簡単に触れておこう。

　大学は、研究、若者の教育、将来の専門的職業に必要な訓練・人材育成という3つの要素を含む場である。個々の大学は、研究、教育、職業的訓練という要素をどのように組み合わせるかについての基本的な方針を立てることが必要であり、それによって各大学が社会において果たす役割が異なる。

　大学の教育は、学問を体系的に整理した知識として教授し、学生に習得させ、学習の過程を学生の人格形成にも資することを目標とする学部教育と、既存の学問を疑い、新たな観点から問題を提起し、独創的な知見を発見する

大学院教育とに区別される。学部教育の役割については、専門的な知識の獲得よりも人格形成・知恵の獲得が重要であるという見解もあり、アメリカのリベラルアーツ教育ではこのような観点が強調されている。筆者はこれからの大学教育のなかではリベラルアーツ教育が重視されるべきと考えているので、その詳細は、第7章で触れることにする。

　研究についていえば、科学技術の分野における大学の研究は、純粋な科学的知見の発見、基礎研究が中心であり、その社会的な応用は副次的な役割であると理解されている。大学以外の研究所、企業の研究所はその機能がより特化されており、対照的である。人文・社会科学の分野では、大学外の研究所の役割は乏しく、大学・大学における研究者が研究の中核をなしている。大学では、専門性をより深めることと全体的な視野を維持することとの調和が必要とされている。また、科学技術と人文・社会科学との峻別によっては現在の諸課題に答えることができないので、学際的・融合的な研究が必要となっている。研究成果の社会的な還元、とりわけ産業界と学術界との協働関係のあり方については多様な考え方があり、近時では、軍事研究との関係が問題となっている。大学における科学技術研究、人文・社会科学研究のあり方については第4章と第8章とで触れることにする。

人材育成・職業教育

　人材育成・職業教育についていえば、大学は元来聖職者を育成する場であり、その後も、専門的職業のための訓練の場であった。現在では、大学で訓練される専門職の範囲が広がってきた。聖職者、医師、法律家という古典的な専門的職業には公共的・公益的な役割が強かった。もっとも、どの時代においても、社会的威信が高く、高額の収入が得られるという現世的な利益を求めて医師や法律家になろうとする者が多いのは言うまでもない。現在のビジネススクール等の専門職教育大学院は、公共性という側面よりも、卒業することによって得られる収入の増加を学生に対する利点として宣伝することに見られるように、私的な利益の獲得を重視するようになった。さらに、産業の高度化に伴い、その産業を担う人材を高等教育機関が育成すべきと言う

要望が高まるにともなって、大学によって提供される職業教育の範囲が広がってきた。専門性、訓練に必要な時間、学問に裏付けられている程度等により、大学での教育にふさわしい専門職と職業訓練的な教育で足りる職業という区別がされてきたが、その区別は曖昧となってきた。

　将来の職業人育成という観点からすると、大学は、その卒業生が社会で果たす役割を配分する、ふるい分け、選別する機能を果たしている。たとえば、世界的レベルでの研究活動に従事する者の育成、国際的な企業社会で働く企業人の育成、法律家・医師などの特殊な分野での職業人育成、公務員などの国内の公共的サービス分野に従事する者、地域の産業社会文化に貢献する人材の育成等、どのような種類の人材を育成するのかとの関連で大学の機能・役割が異なる。特定の職業に従事するために必要な能力に関しては公的な資格が必要とされることが多く、大学以外の職業訓練学校（vocational school）と大学教育を前提とする専門職教育学校（professional school）とが区別されている。最近では、この線引きは曖昧にはなっているが、上で触れたように、専門性、訓練に必要な時間、学問に裏付けられている程度等により区別がされている。大学と職業という論点については別途検討する予定であるが、以下でも簡単に触れておこう。

　大学を社会的な制度として作り上げるには、教育、研究、人材育成の3要素をどのように構成するかが問題となる。組み合わせ方により多様な形態の大学が存在する。大学のあり方は単一ではない。個々の大学は、自己の大学のよって建つ位置を設定し、自大学の基本的な役割を定めることが必要である。大学を設置する国家は、当該国家の大学全体について、あるいは特定の大学について、どのような役割を担わせるかという基本的な方針を定める必要がある。

(2)　高校卒業者の進路選択

人間は生活するために働く必要がある

　教育・大学についての議論の出発点は、人間は生活をするためには働く（work）こと、職業（employment）に就くことが必要であり、働くためには

教育を受けることが必要である。教育・学校制度は、働くこと、職業に就くための訓練機関・期間として整備されている。したがって、教育論においては仕事、就労（work）との関係を無視できない。人は、社会のなかで働く、仕事をすることによって収入を得て、それにより生計を営む。社会はきわめて多様な仕事、職業によって構成されており、ある職業に就くためには一定の教育歴、学校歴が必要とされている。今後の社会では職業生活に必要な知識、能力、技能が高度化することが想定されており、そのような技能を習得するためには、これまで以上に教育年数が増えることが予想されている。なお、現代社会では、人間は自分を労働者としてではなく、商品、資本として意識しているという特徴があり、自分の商品としての価値を高めるために、高等教育を受けようとする。

● 高校への進学 ●

　日本の高校進学率は戦後一貫して上昇し、現在では98％以上に達した。高校卒業が基礎的な学歴となっている。高校教育は実質的には義務教育化しており、高校教育の無償化が実施されている。高校教育の無償化は貧困と格差を解消するためにという論理に基づいている。しかし、これは適切な論理ではない。日本社会で生活する市民にとっては、現代社会、さらには、これからの職業生活において、必要な知識技能を身につけるためには高校教育が不可欠であり、市民の公的な権利として、高校への就学機会を均等に付与する教育権を国家が保障するという論理が本来あるべき論理である。

　日本の場合、高校教育は学力による入学者選抜が行われており、学生は高校入学の時点で高校卒業後の進路・職業選択を行っていることも多い。例えば、早稲田大学法学部に入学してくる地方出身の学生、とりわけ女子学生は、高校入学の時点で、将来の職業選択を意識して、進学する高校を決定している。その地域の進学高校に進む決断をした場合には、地元の国立大学に入学して医師や教師になるという職業選択をしないかぎり、高校卒業後、首都圏や近畿圏等大都市の難関大学に進学するほかないこと、大学卒業後地元に戻る機会は少ないことを強く意識している。

専門高校への進学

　他方、地域の商業・工業・農業高校などの専門高校に進学する場合には、将来、その地域で職業生活を営もうと考えて進学することが通例であった。工業高校を例にとれば、かつては地域の中堅技術者の育成を目的としていたが、現在では地域のものづくりの伝統を継承・発展させる人材育成という特徴付けがなされる。それが工業高校の本来持つべき機能だからである。ただし、工業高校の学校教育上の役割を議論するに際しては、ものづくりや製造業における技術者・技能者の階層的な構造、職業生活上の役割・機能分担と関連させなければならない。工業高校では、工業課程に関する多くの授業を履修しなければならず、卒業生は大学入学者選抜に適した英語、数学、国語、社会などの普通課程の教育を受けることが少なく、大学教育へのアクセスが事実上制限されており、大学進学者は少なく、工業高校が最終学歴となることが多い。蛇足ながら、著者は昭和34年に中堅技術者養成のために設立された東京都立世田谷工業高校付属中学校に入学し、昭和40年に東京都立世田谷工業高校の機械科を卒業し、早稲田大学の法学部に進学した。工業系の職業においては、中学卒業者が入学する5年制の高等専門学校での教育を履修した者、高校卒業後に工業系の専門学校で職業訓練を受けた者、大学の工学部卒業生、工学系の大学院修士課程あるいは博士課程修了者等が存在しており、これらの工業科学技術に関連する学歴構造のなかで、工業高校卒業生がどのような職業生活上の地位を占めるかを論じる必要がある。しかも、将来の職業選択を考慮して専門高校に進学する場合だけでなく、中学卒業時における学力の序列化のなかで、これらの専門高校への進学が選択されるという現実を踏まえた議論も必要である。

高校中退

　高校中退者は、文科省の調査（平成28年度児童生徒の問題行動・不登校など生徒指導上の諸課題に関する調査・文部科学省初等中等教育局児童生徒課・平成30年2月23日）に拠れば、最も多かった平成8年度（1996年）には11万2150人に達したが、平成28年度には4万7249名に減少しており、中途退学率も

48

2.5%から1.4%に減少している。それ故、高校を卒業していない者（中学が最終学歴となる者）は、現在でも毎年18歳人口の3～4％程度生じていることになる。なお、国民の最終学歴は世代によって異なり、2015年の国勢調査に拠れば、中学卒業が最終学歴である者は、労働年齢層である20代では6.3%、30代では5.3%、40代では5.4%、50代では11.0%である。

表12　国民の最終学歴　世代別の割合（同一世代のなかでの）

単位%

	中学卒業	高校卒業
20代	6.3	41.4
30代	5.3	40.7
40代	5.4	48.1
50代	11.0	51.7

2015年国勢調査による

高等学校卒業者の進路選択

　高校卒業という学歴を取得した者は、高校卒業時点において、その後、どのような仕事、職業を選択するのか、どこで生活するのかという決断をしなければならない。文部科学省の調査に拠れば、平成31年度の場合、大学短大進学率は54.8%、大学学部進学率は50.0%、専門学校及び専修学校進学率は21.4%、これら高等教育機関進学率は80.6%である。高校卒業者の就職率は17.6%である。なお、2015年の国勢調査に拠れば、高校卒業が最終学歴である者は、20代では41.4%、30代では40.7%、40代では48.1%、50代では51.7%である。

表13　平成31年３月高校卒業後の進路

	人数	比率
高校卒業者	1056494	100%
大学進学者	527776	50.0
短大進学者	50993	4.8
専門学校進学者	172376	16.3
専修学校進学者	53520	5.1
就職者	185667	17.6

令和元年度学校基本踏査

　本書は大学における教育研究戦略について論じるが、国民全体では、大学・大学院卒業者は19.9％、短大・高専卒業者は14.8％であり（2015年の国勢調査による）、大学進学者は国民全体では依然として少数派であることに留意しておく必要がある。

地元に残るか離れるか

　また、進学であれ、就職であれ、高校卒業時まで暮らしてきた地元に残るか、離れるのかの決断が必要となる。高校卒業者が同一都道府県での生活を継続するかの比率は各都道府県によりきわめて異なる。リクルートの調査（リクルート進学総研「18歳人口予測、大学・短期大学・専門学校進学率、地方残留率の動向」2016年11月）によれば、大学進学者の地元残留率が高いのは愛知（71.4%）、北海道（67.1%）、東京（65.7%）であり、残留率が低いのは和歌山（11.2%）、鳥取（13.3%）、佐賀（13.9%）である。

　高度経済成長期以降、1990年代はじめまでの日本社会においては、高校卒業者が就職をしようとする場合には、高校進路指導と地域の企業との連携によって、地域の製造業、サービス業に就職するという標準的なルートが確立していた。多くの若者は学校から終身雇用に象徴される長期安定雇用へとスムーズな移行を遂げることができた。しかし、現在では、地域における製造

業の衰退、雇用吸収力の低下、地域に所在する企業の要求する知識技能がより高度になったこと等により移行が困難となり、さらに雇用の不安定化、雇用形態の多様化、労働市場の規制緩和等の雇用環境の変化により、高校卒業時において長期継続する可能性のある安定的な雇用に就くことは困難になった。地域で生活を継続しようとする青年層に対する雇用確保、安定策を確立することが、日本社会の課題なのである。高校卒業者が地方から大都市へ移動して就職する場合や、大都市の高校卒業者が就職する場合も、雇用の受け入れ先であった中小企業の衰退、サービス業の不安定雇用等により、高校までの学校教育から職業生活へのスムーズな移行と継続が困難な状況が生まれている。

高校卒業者の教育の継続・高等教育機関の選択

　高等学校卒業後、教育を継続して受けようとする場合には、どの地域の（地元、近隣都市、首都圏などの大都市圏のいずれか）、どのような種類の学校を選択するかが問題となる。大学数は都道府県により大きく異なり、令和元年度の統計によれば、全国に786大学あり、最小の佐賀県、島根県は２校、最大の東京は140校である。将来の職業希望との関係で選択することになり、大学、短期大学、専門学校、近時発足した専門職大学等いくつかの種類の学校制度から選択することになる。将来の職業選択に直接結びついており、職業訓練的な要素を含む専門学校や専門職大学とは異なり、大学や短期大学は特定の職業と直接に結びついているわけではない。それ故、将来特定の職業に従事することを想定せずに学士課程に進学する場合もあり、人文社会、教養系統の学部に進学する学生にはそのような者も多い。とはいえ、大学の学士課程教育は将来の職業を想定して、カリキュラム構成をしているのが通常であり、資格取得の要件として、大学、特定の学部卒業が要求されていることも多い。大学卒業後に選択する職業はきわめて多様であり、また大学もきわめて多様な特徴を持っており、学士課程での修学・履修に必要な知識や技能が異なるために、適性を測定するために、入学者に対する選抜試験が行われることになる。

　将来、地域の経済・社会活動に貢献・参画しようとする場合には、地元の国立・公立・私立大学に進学することになる。地域貢献を主目的とするこれらの大学は、医師、教師の養成を除けば、地域の製造業にとって必要な知識と技能を教育する工学部と事務的職業やサービス業に従事するために必要な能力を育成する経済・経営学部が主たる学部であった。地域で活躍する人材の質を高めることが地方にある大学の基本的な役割である。なお、社会的威信の高い職業、高収入が期待される職業に就こうとする場合には、大都市のいわゆる難関大学に進学することも必要となる。

表14　都道府県別大学数

都道府県	合計	国立	公立	私立
合計	786	86	93	607
北海道	37	7	6	24
青森	10	1	2	7
秋田	7	1	3	3
岩手	6	1	1	4
宮城	14	2	1	11
山形	6	1	2	3
福島	8	1	2	5
茨城	10	3	1	6
栃木	9	1	–	8
群馬	14	1	4	9
埼玉	28	1	1	26
千葉	27	1	1	25
東京	140	12	2	126
神奈川	30	2	2	26
山梨	7	1	2	4
長野	10	1	4	5
新潟	20	3	3	14

都道府県	合計	国立	公立	私立
富山	5	1	1	3
石川	13	2	4	7
福井	6	1	2	3
静岡	12	2	2	8
愛知	50	4	3	43
三重	7	1	1	5
岐阜	13	1	3	9
滋賀	8	2	1	5
京都	34	3	4	27
大阪	55	2	2	51
兵庫	37	2	3	32
奈良	11	3	2	6
和歌山	4	1	1	2
岡山	17	1	2	14
広島	20	1	4	15
山口	10	1	3	6
鳥取	3	1	1	1
島根	2	1	1	－
徳島	4	2	－	2
香川	4	1	1	2
愛媛	5	1	1	3
高知	4	1	2	1
福岡	34	3	4	27
佐賀	2	1	－	1
長崎	8	1	1	6
熊本	9	1	1	7
大分	5	1	1	3
宮崎	7	1	2	4

都道府県	合計	国立	公立	私立
鹿児島	6	2	–	4
沖縄	8	1	3	4

文部科学省　学校基本調査による

大学進学率と社会階層

　高校卒業生は進学と職業とを自由に選択できるわけではない。大学に進学する場合には、選抜試験を突破する学力と大学進学にかかる費用とが必要である。進学にかかる諸費用（学費及び生活費）と進学しなければ得られるであろう収入との合計額が大学進学にかかる費用である。そこで、高校卒業生の世帯が大学進学にかかる費用を負担することができるかが問題となる。

　両親の所得、家庭環境、出身階層の違いによって大学進学率に差異があることは統計的に明らかである。たとえば、文部科学省の「高等教育段階における負担軽減の具体的方策に関する専門家会議」の「高等教育の負担軽減の具体的方策について」（平成30年 6 月14日）報告では、大学進学率は、世帯所得が400万円以下では27.8％であり、1050万円以上では62.9％であるという。同報告によれば、学歴別の生涯賃金は、高校卒では244,9百万円であり、大学・大学院卒では320,3百万円であり、7500万円の差がある（2014年男性の場

表15　所得別の大学進学率（2012年度の例）

世帯所得	大学進学率
400万以下	27.8％
450-600万	42.4％
625-800万	56.1％
825-1025万	61.9％
1050万以上	62.9％

高等教育段階における負担軽減の具体的方策に
関する専門家会議、平成30年 6 月14日報告

表16　令和元年度高等学校卒業者の都道府県別進学率及び
卒業者に占める就職者の割合

区分	大学等進学率（%）	大学（学部）進学率（%）	専修学校（専門課程）進学率（%）	卒業者に占める就職者の割合（%）	区分	大学等進学率（%）	大学（学部）進学率（%）	専修学校（専門課程）進学率（%）	卒業者に占める就職者の割合（%）
北海道	46.2	40.9	21.9	22.8	京都	65.9	60.9	13.4	8.4
青森	46.2	39.9	14.8	31.2	大阪	59.6	54.2	15.4	11.2
岩手	43.7	38.0	19.7	29.1	兵庫	60.9	56.4	13.5	14.0
宮城	49.4	44.7	17.0	23.1	奈良	59.4	53.9	13.3	11.8
秋田	45.4	38.6	17.1	30.2	和歌山	48.6	43.4	17.5	22.6
山形	44.6	37.9	18.5	29.8	鳥取	43.3	36.1	18.7	24.7
福島	45.8	39.6	16.4	29.3	島根	46.0	40.1	21.3	23.0
茨城	50.6	47.5	18.1	20.9	岡山	52.2	47.3	16.1	22.8
栃木	52.3	47.8	17.2	23.0	広島	60.6	57.2	11.9	15.3
群馬	51.2	46.2	19.0	20.5	山口	43.1	36.8	16.0	30.9
埼玉	57.4	53.1	17.8	13.6	徳島	52.2	47.4	16.4	22.7
千葉	55.1	51.5	19.1	13.5	香川	51.7	45.6	16.0	18.8
東京	65.1	63.0	11.6	6.3	愛媛	52.2	46.5	19.2	23.0
神奈川	60.7	56.9	16.4	8.5	高知	49.3	41.5	17.3	18.4
新潟	46.9	41.6	26.0	19.6	福岡	53.8	47.7	17.0	18.2
富山	52.7	44.3	16.7	21.3	佐賀	44.2	38.8	16.6	32.1
石川	54.9	48.0	13.8	21.6	長崎	45.4	39.9	16.7	29.2
福井	56.0	50.2	14.8	22.7	熊本	46.5	41.6	18.3	25.8
山梨	55.6	50.4	17.0	16.6	大分	47.4	37.3	18.7	26.0
長野	47.8	40.2	21.7	19.0	宮崎	44.5	37.1	17.4	29.1
岐阜	55.3	49.5	13.2	23.9	鹿児島	43.3	32.1	19.5	27.6
静岡	52.0	48.1	17.2	23.0	沖縄	40.2	36.2	24.1	17.2
愛知	58.1	53.8	12.6	19.7	全国	54.7	49.8	16.4	17.7
三重	49.6	44.3	14.6	28.2	男	51.6	50.6	12.9	21.5
滋賀	54.7	49.2	16.9	18.4	女	57.8	49.0	19.9	13.8

（注）大学等進学率は、大学・短期大学の通信教育部への進学者を含む。
卒業後無職者、大学受験準備をしている者は含まない

（令和元年度学校基本調査より）

合)。また、難関大学であるほど世帯の所得が高く、学生の生まれ育ってき
た家庭のもっている社会文化資本の差が影響している。さらに、職業威信の
確立した職業程、難関大学出身者が多い。所得の低い世帯からの大学進学率
は増加しているが、難関大学への進学は困難であるという状況は日本のみな
らず、アメリカでも同様である。

　所得により大学進学率が異なり、また、大学卒業者の平均賃金は高校卒業
者のそれより高く、より社会的評価、威信の高い職業に従事している。この
ことから、現代日本の大学教育は学生の階層格差を固定する方向で作用して
いるという批判が加えられ、貧困世帯からの大学進学率の低さを解消しよう
とする政策が提唱されることになる。その典型が大学教育の無償化論であ
る。近時の政治的議論の中心であり、2020年度から実施に移された。なお、
教育の無償化論については、別途、検討する予定である。

大学進学率と地域格差

　大学進学率は地域により異なっている。たとえば、2015年の場合、全国平
均は51.5%であるが、東京都は72.8%、鹿児島は35.1%である。その理由と
しては、地域の世帯平均所得の違い、当該地域における大学の数、多くの大
学が集中している大都市圏との距離、専門学校の果たしている役割の違い等
がある。それ故、地域における産業力を高め、地方において大学教育を享受
できる環境の整備が重要である。これらについても、別途、詳細に検討する
予定である。

(3)　低学歴・低学力社会日本

大学進学率の低さ

　現代国家の文教政策の中心は、科学技術を基盤として国力を高めることで
あり、そのためには大学進学率を高め、大学における教育の質・効果を高
め、研究力を強めることが必要である。国際的な比較という視点から、日本
の大学制度をみると、①大学進学率の低さ、②研究力の強化に関連する大学
院進学率の低さ、③教育費負担が私的になされているという三つの特徴があ

る。

　第1の特徴は大学進学率の低さである。2019年度の学校基本調査によれ
ば、日本の大学数は786校（国立86、公立93、私立607）であり、大学生数（大
学院を含む）は291万8708人（国立60万6317人、公立15万8147人、私立215万4244
人）」である。このうち学部学生は260万6431人・大学院生は25万4643人であ
る。2019年度の進学者の数は63万1267人（国立9万9136人、公立3万3712人、
私立49万8419人）、大学への進学率は54.7％（男性51.6％、女性57.8％）、短期大
学への進学率は4.8％である。高等教育進学率は、世界的に比較してみる
と、決して高い国ではないと言われてきた。なお、OECD, "EDUCATION
AT A GLANCE 2019" によると日本の高等教育進学率は61％であり、
OECD 平均の44％ より高い数値が示されている。

　なぜ大学進学率が低いのかについては以下のような説明がされる。進学す
ることのメリット、つまり進学によって得られる便益とそれに必要な費用負
担との比較という経済的理由が重要である。大学進学の経済的な効果は学歴
別の生涯所得の違いの大きさによって示される。学校卒業後60歳まで働いた
ときの大学卒業者と非卒業者との生涯所得の差は5千万円ほどとされる。前
述の専門家会議調査では7500万円である。ただし、これは過去の状況を示す
ものであって、これから進学しようとする者に生じる差ではない。さらに、
男女別に考えることも必要であり、大学卒業者の場合どのような大学を卒業
するのか、いわゆる銘柄大学ブランド価値の高い大学かどうかによっても違
いがある。人文・社会科学系、理工系等専攻する学問分野の違いによっても
異なるのではあるが、これらを無視して一般的な数値を示すと、非大学進学
者は大学進学者の80％程度の生涯所得を得るにとどまるので、経済的にみれ
ば、大学進学のメリットは存在している。また、日本社会では学問を尊重す
る気風が乏しい、高等学校の生徒の自宅での学習時間が減少しており、学ぶ
ことに関心を持たない生徒が増加している等の理由が挙げられることもあ
る。大学進学率の低さ、どのような分野に進学しているのか等の国際比較に
ついては別途論じる。高度知識社会となった現代では、高校卒業後も教育を
継続的に受け知識を高めることが不可欠であり、大学進学率が低い低学歴社

会日本は、低学力社会に陥る危機に面している。

● 大学院進学率の低さ

　日本の大学院生は、2018年度の調査によれば、大学院生は25万4千人、2018年の入学者は修士課程7万4091人、博士課程では1万4903人、専門職大学院では6950人である。人口あたりの大学院生数はOECD諸国のなかでは最低水準である。とりわけ人口あたりの博士号取得者は、ドイツやイギリスの3分の1、アメリカや韓国の2分の1程度である。文部科学省科学技術学術政策研究所の資料によれば、人口100万人当たりの修士号取得者数は、2012年度で日本607人、英国3765人、アメリカ2395人、ドイツ2208人である。また人口100万人当りの博士号取得者数は、2012年度において日本125人、イギリス348人、ドイツ333人である。世界的に見ると、日本は低学歴社会であり、高度な専門知識能力を有する者が不足しているという意味では、低学力社会である。

　なぜ、諸外国と比べると、大学院進学率が低いのか。文系の場合は、専門職、実務家養成を目的とする大学院を除外すると、進学者は研究職志望が強いという特徴があるので、研究職志望者以外の大学院進学希望者が少ない。大学院卒業後の就職という点からすると、研究職のポストは減少し、非正規化が進んでおり、魅力に乏しいので、研究職志望者も増加しない。大学院修了後の研究職以外の就職について言えば、日本社会では、企業内メンバーシップの一員となり、企業内で行われる訓練によって必要な教育を行おうとする傾向が強いので、学卒者の採用が中心となっている。そのため大学院に進学しても学卒者とほぼ同様の条件で雇用されるので、大学院進学のメリットは少ない。企業による中途採用も、企業における一定程度の経験がある者の専門的・実践的知識・技能を重視しておこなうので、大学院において専門的知識を高めたこととは直結しない。このような理由から、人文社会科学系における大学院進学は、終了後の雇用可能性を高めることにはなっておらず、大学院進学の動機付けに欠けている。大学院進学者の数を増やし、質を向上させるためには修了後の雇用可能性を高めるための制度が必要である。

たとえば、法科大学院修了を国家公務員試験総合職法律系の出願要件とするなどの策を講じていれば、法科大学院進学者の質と量を充実させることができたであろう。そのような方向をとらず、法廷技術的な要件事実教育を過度に強調したことが、法科大学院失敗の一つの原因でもある。

理工系の場合は、企業は研究開発人材を必要とするから、研究開発人材を供給する研究重視大学では修士までの進学が一般的となる。しかし博士課程には進まないことが特徴である。博士課程進学のコストとベネフィットの比較がその理由である。経済的には、博士課程３年間収入を得られないことが決定的である。これを補填するための奨学金制度が必要である。多くの先進諸国では博士課程学生の授業料は免除され、生活に必要な奨学金が支給される。しかし日本では、現在でも年間生活費として必要な240万円以上の収入を得る者は博士課程進学者の半分以下である。大学院博士課程学生に対する経済的支援が少ないことが日本の特徴であり、博士課程学生に対する経済的な支援が重要である。

博士課程修了後の雇用保障、理工系大学院博士課程出身者の雇用可能性がもっとも重要である。しかし、大学等の研究機関における研究職は縮小され、非正規化が進んでいる。また、多くの博士課程修了者を受け入れていた企業の中央研究所は廃止、縮小され、博士課程修了者の雇用可能性が乏しくなり、進学の魅力が乏しくなってきた。諸外国では、博士課程修了者は自分が研究してきた先端的な科学研究を基盤として起業することが多く、起業するためのステップとして理工系大学院博士課程に進学する。しかし、日本ではそのような風土に欠けている。諸外国とは異なり、企業における博士課程修了者の活用が不十分であり、経営管理層輩出率が低いこともある。大学院博士課程修了者の社会的な評価を高めること及び社会的経済的な処遇を向上させることがない限り、大学院博士課程進学率を高めることができない。このようなことから大学院博士課程修了者の数、人口比という点で、日本は低学歴社会である。博士課程修了によって獲得される能力・学力を保持している者が少ないという点では、低能力・低学力社会でもある。

● 高等教育費用の私的負担

　高等教育の費用に関しては、OECD 諸国と比較すると、公財政に占める高等教育費用が最低水準であり、また授業料は私的負担とされるという二つの特徴がある。これは表裏一体の問題であり、ヨーロッパ諸国は高等教育を受ける権利を国民の公的な権利として保障しており、学生は高等教育を享受するために授業料を支払う必要はないという無償原則を採用している。そして、大学における研究は、学問の振興という意味を持ち、国家的公的な利益であり、公的な費用負担が原則となる。それ故、公財政により高等教育関連費用の負担率が高いのである。

　これに対して、日本では、高等教育を受けることは、社会的地位の向上、収入増加などの個人的な利益を追求することとされ、教育費用の個人負担が原則となり、公財政支出が低い水準にとどまる。2020年度から始まる高等教育の無償化政策もこのような前提の上での政策であり、高等教育を国民の市民権として保障し、無償を原則とするというヨーロッパ型の大学制度に移行するわけではない。高等教育費用の負担のあり方、大学財政、ガバナンスについては別途検討する予定である。

⑷　大学のステークホルダー・多様な利害関係者

● 学生の観点

　大学には様々な利害関係者（ステークホルダー）がおり、戦略の策定に際しては、それらの者の観点を配慮しなければならない。大学の存在する地域社会、卒業生、学生の父母、卒業生を受け入れる産業界などは大学にとって重要な利害関係者・関与者である。大学制度を社会的制度として設置する国家の観点も重要であるが、しかし、何よりもまず大学で学ぶ学生の観点が基本である。

　学生はなぜ大学に進学するのだろうか。純粋に学ぶことに興味があり、真理の探求を目的として大学に進むのが、理念であり理想である。しかし多くの学生は、大学での勉学修了後、できる限り、社会的威信の高い職業に就き、高額の所得を得たいと考えて大学に進む。学生にとって、大学で学ぶこ

との基本的な目標は、大学を卒業することによって雇用可能性を高めることである。大学で学ぶ青年層には学問・真理探究の欲求のみならず、一生の友人を作り、将来の人生を考え、スポーツや課外活動をする等の社会的な活動の要望もある。それ故、大学は、それらの欲求を充たす仕組み（クラブ・サークルなど）を提供することになる。

● 大学への国家の関心

　日本の大学は国民国家によって作られ、その枠組みのなかで発展してきた。国家にとって大学の質と量は主要な関心事である。近代国家の形成、社会制度の近代化、経済・産業の発展、政治の民主化の中心となる人材を育成するための高等教育機関を作ることが国家の要請・課題であった。すでに述べたように、東アジアにおいては、近代的な高等教育は、国家主導により、19世紀後半から始まり、国民国家を建設し、それによる近代化を進めるために必要な指導者、指導的エリートの形成が目的とされた。同時に、社会の近代化を進めるにはごく一握りのエリートによる推進では不十分であり、国民の知的水準を向上させ、近代化に必要な科学的知識、近代的個人主義・民主主義等を理解した近代的自我を有する市民＝国民を形成することが必要とされ、これも大学制度の目的とされてきた。

　それ故、国家社会有為の人材を育成するためには、広い階層から人材を選抜することが重視された。国家社会に有為な人材の選抜・育成は、人材の学力にのみ着目して行われ、国家、地方政府などの公共団体の責務とされた。これに対して、高等教育を受けることについても、普通教育と同じような国民・市民の権利であるとして、国民の教育権が提唱されることもある。しかし、国家有為の人材を育成するための高等教育という指導原理が貫かれてきた。

● 民間による大学の設立

　大学の基礎は自由な研究活動にあり、すべての権威を疑うことから始まる。それ故、大学を設置した国家の権威を疑うこと、国家による学問研究へ

の干渉を排除することが必要である。しかし、国家が設立した大学では国家
による学問研究の保護・育成が中心に据えられ、学問の政治的権威からの独
立は二次的な位置に置かれた。しかし、その後には大学の国家、政治からの
独立が課題となっていった。同時に、国家による大学への干渉を排除し、独
立性を確保するためには、国家以外の民間による高等教育の提供が必要であ
ることが理解され、学校法人による私立大学も設置され、産業社会の直接的
な要望を充足するための大学も設置された。このような国家以外の多様な主
体による大学教育の提供は大学の国家からの独立という点でも重要な意味を
持つ。しかし、他方では経営主体である学校法人理事会からの教学、研究の
独立、自主性が課題となる。

(5)　大学のガバナンス

　教授会の自治という理念が日本の大学の伝統的経営形態の中心におかれて
いた。しかし、大学の規模が大きく、複雑になり、組織化されるにともな
い、教授会の自治という伝統的な運営形態では現代の大学経営、運営に適応
できなくなる。大学教員・職員・研究者等の人的集団を管理し、教育と研究
とを奨励・促進させ、大学という組織を運営し、財政を確保する専門的な管
理が必要となる。大学の管理・運営・経営を司るガバナンスをどのように作
り上げるかが大学制度構築の主要な課題となる。

　自由な研究にもとづく成果の相互比較によって学問研究は発展していく。
学問研究の自由こそが大学の本質であり、大学の個性、独立性、多様性を生
かすには、中央・地方政府等外部からの規制はできる限り少ないこと、及び
内部的には分権的な統治の仕組みが望ましい。それ故、大学内においては、
学長、理事会、学部長、学部教授会の権限配分、大学の経営・運営機構の整
備が主要な課題となる。現実的には、極めて多様なタイプの組織があり、権
限配分・運営の実態はこれまた多様である。

　なお、マネージメント（経営・管理・運営）とガバナンス（統治）とのちが
いに触れておこう。マネージメントとは、大学の経営管理を意味し、ある程
度中長期的な戦略が策定されていることを前提として、大学における意思決

62

定のプロセスと、その意思決定を実行・実現する管理とを含む言葉である。ガバナンスとは、このような意思決定およびその実施過程の監督をも含むより広い内容を意味する言葉である。

ガバナンスの形態は、国や地域で異なり、一国の中でも多様な形態がある。日本の大学制度のモデルとなったドイツの場合、大学は、国に該当する連邦によってではなく、州政府により設置され、民間による大学設立は例外的である。アメリカの場合は、植民地時代から自主的に教育機関が作られ、自律的に発展してきた。州政府は、19世紀の半ばから、地域の農業、工業を発展させるための人材育成を目的として、高等教育制度・州立大学を作り上げてきた。しかし、連邦政府は大学の設置運営には関与しないのが原則である。

これに対して、日本の場合は、国立、地方自治体、大学法人、さらには株式会社という設置形態が認められている。明治以降、国家による単科大学、帝国大学の設置と並んで、民間による専門学校、私立大学の設置が進められてきた。設置形態の違いは基本的な前提ではあるが、現代では、大学が現実にまたは将来に果たす役割毎の類型化がより重要である。たとえば、研究大学への支援という点では、国公私立という設置形態の枠組みを超えた思考と支援とが必要である。また、高等教育を担当する政府機関である文科省とそれ以外の省庁との壁を越えた研究支援が必要であり、総合的な観点からの国家的な研究戦略が必要となる。大学政策全体にとっても、個別大学にとっても、総合的・包括的な視点からの戦略の策定と実行とが必要な時代となっている。ガバナンス・大学統治、財政制度については別途詳細に検討する予定であるが、第8章で簡単に触れる。

❷ 戦略ということば

(1) 危機と希望の狭間

本書はグローバル化という観点から主として個々の大学の戦略を検討する

が、すでに述べたように、これからの世界では、全地球的な人口構造の変化、情報科学・生命科学等の新しい科学技術の発展も進んでいく。世界における人口増加とは対照的に日本社会は少子高齢社会となり、人口が減少し、人口構造が変化する。国民健康保健制度と医療技術の進歩により、日本は世界でもっとも平均寿命の高い国になった。健康寿命も延びることにより、健康な長寿社会の実現という希望を実現しつつある。しかし、人口に占める65才以上の高齢者比率が25％を超え、それらの者に対する社会保障支出が財政の中で大きな割合を占めている。現在1億2千万の人口は、2050年には9700万人となり、現在より3000万人ほど少なくなるが、高齢者比率は40％を超える。このような中で経済力を発展させて行くには、生産年齢人口を維持するための労働市場への女性の更なる参加、外国人労働力の活用、高齢者雇用の促進、社会経済のイノベーションが必要である。大学は、優れた外国人学生を吸引する、外国人労働者に対する教育を提供する、イノベーション実現の担い手を生み出す、等の役割を負っている。日本社会及び大学は、少子高齢社会における経済力・国力の衰退という危機とイノーベーションの進んだ健康長寿社会の実現という希望の狭間にあり、国家の社会経済戦略、大学戦略が重要になっている。

　とくに、世界的な科学技術開発競争の激化のなかで、日本社会及び大学は、科学技術力の失速という危機に瀕しており、科学技術を発展させ、それに貢献する人材を育成するための戦略を作り上げなければならない。

(2)　大学の発展戦略

戦略という言葉

　このような挑戦、危機と希望の狭間のなかで、日本の大学は、その進むべき発展戦略を作る必要がある。ところで、戦略という言葉は、論者によって多様に用いられているが、その起源は軍事戦略にある。現代では経営戦略など多くの分野で用いられ、戦略的という用語法は様々な分野で用いられている。もともと、戦略という用語は、一般的には、特定の目標を達成するための、長期的視野と複合的な思考にもとづいて、力や資源を総合的に運用する

技術・科学であると定義されている。大学戦略という視点から、戦略の意味を考えておこう。

　戦略という言葉はいくつかの要素に分解できる。ある特定の目的・目標を達成するため技術であるから、どのような目標・目的を設定するかが重要となる。また各大学の持っている資源、例えば、歴史、規模、研究教育力、その大学の社会的評価などを活用することが必要である。例えば、その大学の特性、総合大学か、単科大学か、学部教育中心か、研究にも重点を置いているのか。大都会に存在しているのか、中小都市にあるのか、学生が全国から集まる全国区型か、特定の地方からの学生を対象としているのか、設置者は国・自治体か、学校法人か、入学の難易度はどの程度か等の特性を前提とした上で、どのような種類の学生を対象に、どのような種類の教育を行おうとしているのかを確定することが必要となる。自大学の独自性を認識、確定することが戦略策定の前提なのである。

　戦略は長期的視野にもとづくものであり、個別具体的な論点についての判断、意思決定ではなく、将来におけるその組織のあり方を考慮した上で設定することが必要となる。一般的に言えば、今後10年間という期間を念頭に置いた計画策定をするのが通例である。

　戦略は複合的な思考が必要とされる。長期的な展望に基づいて設定されるので、目標設定から達成までの過程に関しては多様な観点からの考察が必要となる。それに加えて、多元的な考察を総合する基本的な軸・視点が必要となる。

　目的の実現には、資源の動員が必要になるので、戦略を設定する組織がどのような人的・物的資源をもっているか。保有している資源をどのように動員するかについての、基本的な長期的な考察が必要になる。大学についていえば、学生、教員・研究者、職員などの人的資源、教育研究施設とそれを担保する財政的な基盤が物的な資源であり、これらの動員方策が必要となる。

　戦略と適応とは区別されなければならない。日本政府の政策は、客観的な環境や情勢の変化に対してどのように適応（adaptation）するかという思考方法が濃厚と言われる。客観的な情勢変化と、相手方の戦略・戦術変化を前

提として、それにどのように対処するかという受け身の思考方法である。将来の展望にもとづき、新たな情勢、環境、客観的条件を自ら作り出していくという積極的な戦略的（strategic）な思考には乏しいと言われている。この指摘は大学政策についてもあてはまる。

　戦略においては、どのようにして状況を切り開くか、新しい環境を作り出すかという観点が重要である。本書では、客観的情勢の変化に適応することだけではなく、情勢を主体的に切り拓くという観点から、大学戦略を考える。大学という組織は、教育、研究、社会貢献という3つの構成要素を含むので、これら構成要素を包括する戦略を設定することが必要となる。

　戦略という言葉は軍事戦略に起源があることから分かるように、戦う相手方を想定する。軍事戦略においては、その国が世界においてどのような地位を占めるかは、その国の大きさ（人口と面積）・占める場所（地政学的な位置）、経済的発展段階、政治的安定度合い、財政的豊かさ、科学技術水準、軍事的実力等によって決まるといわれる。

● 個々の大学の戦略

　本書では、大学戦略については、日本の大学全体に関わる国家戦略と個別大学の戦略とを区別して用いる。国家にとっての大学戦略とは、その国家が世界において占める地位を前提とし、社会発展を実現するための人材育成・配置計画である。大学に関する国家戦略に関しては、日本の大学全体の配置図を示すいわゆるグランドデザインの作成が不可欠である。国家にとっての大学戦略とは、大学の教育研究力をめぐる国家間競争という環境のなかで、どのような地位を確保できるかにかかわる競争についての基本的方針を意味する。実際にも、2018年11月には、中央教育審議会は「2040年に向けた高等教育のグランドデザイン」答申を発表しており、そこでは、多様性と柔軟性の確保がキーワードになっている。

　個々の大学にとっての戦略とは、国家による大学配置のグランドデザイン上で自己の大学が占める地位を認識した上での、発展の方向性を示すものである。個別大学がその戦略を考える場合には、直接的な競争相手として近傍

あるいは類似の大学を想定する。しかし、より広い日本国内、全地球的な大学市場における、当該大学の位置についての基本的長期的な計画及びそれを実現するための手法である基本方針を戦略の前提におく必要がある。

くりかえしになるが、不確実・不透明・不安定な現代社会でも、人口構造の変化、科学技術の発達、グローバル化の進展という確実なことを基盤として、教育、研究、社会貢献・人材育成の三側面において、これらの課題に挑戦する大学をつくることが、個々の大学にとっても、国家全体の大学政策にとっても、必要である。

● 国家の大学戦略 ●

本書の課題は、個別大学のグローバル化に関する戦略策定であるが、国家の観点から大学戦略を考えることも重要である。その際考慮すべきいくつかの論点について触れておこう。

研究の分野での世界的競争の激化の中で、どのようにして日本の科学研究を促進するかが重要な課題である。アメリカや中国などでは、大学における科学研究費の多くが国防関係省庁からの資金によって供給されている。純粋科学研究の軍事利用と民生利用との不可分性、軍事目的の研究による研究成果が非軍事的な市民生活の発展に結びついているという研究の二義性により正当化されている。日本では、軍事研究により製造された兵器は大量の殺人と環境破壊を目的とするという人道的な観点のみならず、兵器は使用されれば資源の浪費となり、使用されなくても陳腐化により廃棄されるものであり、科学研究発展の目標である市民の生活水準の向上には無縁であるという観点が強調されてきた。戦後日本では、科学技術研究の推進は平和利用を目標とするという国是を建ててきたが、このような国是との関連で、科学技術研究・開発を推進する国家政策が必要になっている。第8章で簡単に考察することにしたい。

自然科学のみならず、人文・社会科学の分野でも、情報に関する科学技術の発展、とくにコンピュータ、インターネットの発達により、ビッグデータの科学（Big data science）と呼ばれる分野が重要な位置を占めている。処理

をするデーターの量（volume）、多様性（variety）、データ更新の頻繁さ（ve-locity）により特徴付けられるビッグデータの科学は人文・社会科学の分野でも重要な意味を持つ。膨大な資料データの蓄積、統合、活用が必要となり、新しい科学技術の発展によって生じる人文・社会科学の変化をどのように先導していくのかが国家的な大学戦略の課題となる。

　人文・社会科学上の課題の解決に関しても、多様な視点、比較の視点が重要となり、異なる学問分野間、とりわけ自然科学分野との学際的な協力が必要となる。これをおこなうためには、集団的な研究体制の構築とそれを統括し方向付ける戦略とが必要となる。日本の人文・社会科学上の課題の探求に関しては、総合的な戦略の確立、統括をする研究者のリーダーシップ、海外の研究者をも含んだ集団的・学際的な研究が課題となる。

　これらの課題に、各国の大学教育を担当する政府部門がどのように対応するかが、現代における大学戦略の基本的な論点である。50％以上の国民が大学に進学する時代においては、大学の果たす人材育成機能は多様なものとなっており、目的を異にする多様なタイプの大学が必要になる。日本社会が直面している危機を打開し、課題を解決し、イノベーションを実現し、社会を発展させるためには、国民の知的能力を高める以外の方法はないのである。多様な役割を果たすことができる包括的・総合的な大学制度を構築しなければならず、それを先導する国家的な大学戦略・高等教育政策が必要となっている。

業績主義の原則と副作用

　大学制度を発展させる政策が含む副作用についても考慮する必要がある。たとえば、ある者の達成した業績にもとづいて待遇を決定する業績主義（メリット主義）が民主主義国における人材育成の原則であり、大学はこれを象徴する社会的な制度である。優れた学力を有する者に大学教育の機会を与え、リーダーとして育成する。優れた業績を出した研究者に対して褒賞を与える。これによってイノベーションが進む。しかし、それは同時に、業績・成果に基づく階層分化が一層進む可能性をはらんでいる。

　全地球的な競争という環境の下では、ある国が競争力を保持するためには、指導的エリートを養成し、それらの者によって国家社会を牽引することが不可欠である。しかし、同時に、国民全体の知的水準を向上させるための高等教育を発展させるのみならず、高等教育を受けていない者にも配慮しつつ、国家としての大学戦略を構築することがなければ、階層分化が進み、社会の統合性が失われるという危機を招くことになる。優れた能力を有する者、秀でた業績を達成した者による支配が正当化され、そうでない者との間の社会的威信、経済的豊かさの差別化が合理化されてしまう。国家全体の観点からの大学戦略においては、大学における教育研究を発展させる戦略から生まれる副作用をも考慮して策定しなければならない。

第4章

激しくなる世界の大学間競争

① 国民言語による高等教育の発展

(1) 国民言語による初等・中等教育

● 初等中等教育の整備 ●

　本章では、全地球的な規模で激化している大学間競争の現状、それがもたらしている課題、それに対してどのように挑戦するかを論じる。その前提として、国民言語による高等教育の必要性について触れておこう。

　「大学力は国力そのものである」と言われる。国民生活の安定、福祉の向上等からなる国の繁栄は、その国の経済発展の度合い、社会の産業力に依存する。産業力の基盤は科学技術力であり、その水準を高めるためには、大学の役割が重要だからである。

　近代国家成立の前提は、国民言語による初等中等教育の整備である。国民言語による初等中等教育の整備がなければ、国民は近代化した産業社会において活躍するために必要な知識・能力を獲得できない。それ故、全国民が共通に使用できる単一の国民言語の画定が望ましい。国民言語の形成はその国の歴史と文化を学び、国民意識を作るために不可欠である。また、国の政治的安定の前提は、立法議会において、国民言語によって討議し、法を作ることができるかに拠っている。旧植民地国が、現地の人々の使っているローカ

ルな言語とは異なる旧宗主国の言語によって、議会で法案の審議を行うので
あれば、国民と議会との間に言語的な乖離が生じる。国民は立法議会での議
論を理解できないことになり、政治的安定の達成は困難である。また、旧宗
主国の言語を国民言語として用いるのであれば、植民地化されるより前の歴
史、それまで継承されてきた言語、文化、伝統が断絶されることになり、旧
宗主国への文化的従属・言語的従属が固定化されることになる。それ故、現
代社会での生活に必要な教育の習得、国民意識の形成、政治的安定の確保の
ためには、国民言語による教育が不可欠なのである。

　しかし、一つの国のなかで、多民族が共存し、多言語が用いられている社
会においては、単一の国民言語を設定できない場合がある。その場合には、
国民が共通に理解でき、使用することができる言語が必要となる。複数の共
通言語を持つ国はいくつも存在する。カナダの場合は英語とフランス語とが
公用語とされている。また、インドの場合は、ヒンディー語と英語とが公用
語とされ、各州は公用語として他の言語を指定する権限がある。本書では触
れないが、複数の公用語による教育が行われている国・地域においては、多
民族社会を一つの国民として統合させるための仕組みが必要である。

　日本の場合は、江戸時代でも、各地方では方言は用いられていたが、日本
語が国民言語であるとの意識が確立しており、日本語による教育が行われて
いた。明治国家成立以降、明治政府は、日本語による教育制度を確立した。
国民言語としての日本語は、日本社会の文化・伝統の継承、国家の独立、政
治の安定等の基礎であった。現在、人口の２％を占める外国人比率が今後増
えていくとしても、日本語が単一の国民言語とされ、それに基づく教育制度
が維持される状況には変化は生じない。

文化的中心国と周辺国

　ところで、文化的周辺国は文化的支配国・中心国の言語を学び、それに
よって進んだ技術・文明を取り入れてきた。同時に、周辺国は現地語である
母語によって文芸的な創作活動を行ってきた。これは日本にも当てはまる。
飛鳥・奈良・平安時代の日本は、遣隋使、遣唐使、漢文により進んだ技術、

文明を中国から取り入れ、政治制度を作ってきたが、やまとことば・和文によって創作活動を行ない、文化を創り上げてきた。源氏物語や和歌などの文芸・詩歌にあらわれている感情は、母語であるやまと言葉でなければ創作、表現できなかったであろう。日本語は長期にわたる自生的な発展によって漢字ひらがな混ざり文による表記を生み出した。日本の文化・伝統の独立と発展の基盤は日本語の成立にある。現代の韓国・北朝鮮が、15世紀に発明されたハングルを使用しているのは、文化的支配国である中国からの独立を維持し、民族としての誇りを確保し、国民国家を作るためには不可欠だったからである。文化的周辺国・地域においては、国民言語の形成が独立にとって不可欠の要素なのである。

　他方、固有の文化・歴史のない人工国家・人造国家においては、政治的・経済的・文化的覇権国の言語を国家の共通語として用いることもある。華人、マレー系人、インド系人などの多民族からなるシンガポールが、それら民族の言語ではなく、旧宗主国の言語であって、政治的・経済的・文化的覇権国で用いられている英語を共通言語・国民言語としたのはその典型例である。

(2)　国民言語による高等教育

国民言語による高等教育の必要性

　現代の学問・科学知識を国民に普及し、国民の知的レベルを高くするためには、初等中等教育のみならず、高等教育をも国民言語によって発展させることが必要である。日本における明治以降の高等教育の歴史はこれを示す。明治維新後、近代化を進めるには、西欧近代の先進的な学術知識を教授できる人材が必要となった。当初は、外国人教師によって外国語で教育をさせ、西欧の先進的な学術技術を教授させた。お雇い外国人によって高等教育が始まり、高等教育機関では外国語による教育がなされた。

　他方、江戸時代末期から、日本の知識人たちは、西欧の学術用語を翻訳し、漢字を用いて西欧の学術を日本語化した。明治維新後、明治政府は優秀な日本人学生を西欧諸国に留学させた。帰国した留学生は、当時最新の知識

や科学技術を輸入し、高等教育機関で教育研究に携わり、大学の教授団になり、日本の学問の独立を築いていった。このようなプロセスの結果、国民言語である日本語による高等教育、教授団が形成された。漢字を用いて、日本語としての学術用語を、作りあげた。

　さらに、漢字による西欧社会の政治、経済、文化、学術用語の翻訳は日本語という枠を越えて漢字文化圏で共通に用いられるようになった。例えば、立法・行政・司法という国家の政治行政制度の分野では、日本の知識人により作り上げられた共和国、人民、憲法、議会、意思表示等の学術用語は漢字文化圏で共通に用いられる用語となった。

国民言語による大学の発展

　日本の大学は、戦前においても、近代化の指導者を育成し、国民の知的水準を向上させ、高度な科学技術・工業技術を発展させた。また、大学は戦後の科学技術発展の中心に位置した。戦後日本の経済発展を実現し、社会と政治の民主化の原動力となったのは大学である。この前提は、国民言語である日本語による高等教育の成功があったからである。たとえば、2000年以降の自然科学３部門（物理、化学、生理学・医学分野）での日本人（その後外国籍になった者を含む）ノーベル賞受賞者数は、アメリカ・イギリスに次ぎ、ドイツとともに第３位であり、全員が日本の大学卒業生である。戦後、世界第３位の経済規模を有する国になったのは、日本企業が世界的な企業として地球の至る所で活動しているからであり、そのような企業の中枢にいるのは日本の大学卒業生である。

　日本の大学は社会の近代化、経済の発展、国民生活の安定にとって重要な役割を果たし、成功を遂げたということができる。近代国家の中枢となる者を育成することを目的とした日本の大学制度は、東アジア型大学制度の典型的な成功例・先駆例ということができる。

国民言語による高等教育整備の困難さ

　西欧以外の地域で国民言語による高等教育を発展させた国は例外的であ

る。多くの国は、とりわけ理工学・医学の分野では、国民言語による高等教育を発展させることができず、旧宗主国の言語、とくに英語による教育を余儀なくされた。

　医療教育の分野では国民言語による教育がとりわけ重要であった。近代国民国家は、医療水準の向上と国民の健康の確保とを目的として国民言語による医療系高等教育を発展させようとしてきた。医療行為の対象となる患者は現地の言語（≒国民言語）を話す一般の国民であり、患者に対して現地の言語、国民言語で説明することが不可欠だからである。しかしながら、多くの国は国民言語による医療系高等教育を発展させることができなかった。今日でも医学教育が外国語である英語によって行われている国は多い。アラブ諸国においては、アラビア語による医学教育を発展させることができず、現代でも英語による医学教育がおこなわれている。医学用語を現地の言語に翻訳できなかったことがその背景にある。

　学術用語の翻訳という作業は、その学問分野に通暁した専門的知識を有する者が現地の言葉に置き換えていく、作り替えていくという忍耐強い努力が必要である。「解体新書」による医学用語の翻訳はそれを物語る。専門分野における基本的な学術用語を確定することは、現地の言葉での学習、専門的知識の修得を容易にする。医療でいえば、現地語で作られた専門的な用語によってはじめて、医療行為の受け手である人々・患者と意思疎通できる。日本が発達した国民皆保険制度と世界最高水準の平均寿命を実現した背景には医学知識の国民言語による国民全体への普及があった。

　国民言語による高等教育の確立は、その国の知的文化的水準のみならず、社会の生活の質の向上・発展にとって不可欠の事柄である。言語の果たす役割が低いと思われる科学技術分野においても、現地の共通語・国民言語による高等教育がない限り、国民への科学技術知識の普及は困難である。現地の言葉、国民言語による教育の普及整備は、文化と伝統の継承、国民の知的レベルの向上、国家・国民の独立の基礎である。

(3) 科学技術立国と経済発展

　明治以降、日本の科学技術水準は、軍事目的という色彩に基づくもので
あったが、飛躍的に向上した。その象徴が零式戦闘機と戦艦大和であった。
非西欧諸国における産業近代化の成功例とされる。アジア太平洋戦争の敗戦
により、軍事的・帝国主義的な発展には終止符が打たれた。

　戦後日本における国家目標は平和国家という理念に基づいて、国家の力を
経済発展に注力することであった。非軍事・平和利用目的の科学技術推進政
策によって、日本の科学技術は発展し、経済成長の知的基盤を提供した。そ
の前提は、大学における教育研究の発展であった。

　戦後初期の戦災復興時期には、戦後復興、産業開発のための理工系人材の
育成が急務であった。国土総合開発計画制度にもとづく地方における工業基
地開発、製造業の発展が日本の戦後経済成長の原動力であった。とりわけ、
1957年のソビエトによる人工衛星の打ち上げ成功は、アメリカのみならず、
日本においても、科学技術を推進すべきとする興論の基礎となり、理工系人
材の育成が必要となった。このようななかで、地方の国立大学は戦後に生ま
れた子どもたちの教育を担う初等中等教育課程の教員養成学部、及び地方に
おける工業開発の担い手となる工学部を中心として整備されていった。同時
に、私立大学においても高度経済成長下における技術者不足を解消するため
の工学系大学・学部の増設が進んだ。のみならず、中堅技術者の育成という
目的で、工業系の国立高等専門学校が整備され、工場現場での技術者・基幹
労働者を育成する工業高校が増設されていった。

　このような科学技術振興計画の下での人材育成政策に基づいて、造船業、
鉄鋼業、自動車産業等の日本の製造業、とりわけ機械工業、石油化学産業が
大きく発展した。それを指導したのは、理工系学部を卒業し、復活を遂げた
重化学工業で働く企業技術者であり、企業の中央研究所の研究者であった。
大学の科学技術・理工系教育は、1990年代初めまでの日本経済の発展の技術
的な基盤を支えた。

　他方、日本経済の発展は、製造された工業製品を国内市場のみならず、海

外に輸出することによってもたらされた。これを担ったのは、法律学や経済学などの社会科学系学部教育を受けた学卒者であり、社会科学系学卒者の増加という社会的な需要を満たしたのは私立大学であった。その結果、日本は、1968年にはドイツを抜いてアメリカに続く世界第2位の経済大国になり、国民は豊かな消費生活を享受し、政治的に安定した社会ができあがった。

　このようにして、戦後日本の科学技術の発展、経済の高度成長、社会の安定は大学教育をうけた者によって主導された。大学教育による人材育成の成功の結果である。しかし、バブル崩壊後の1990年代以降、日本経済は停滞し、格差が顕著となり、社会の不安定化が進んできている。その原因は、日本社会の成功が、逆に新たな発展にとっては障害になっているところにある。大学にとっても同様なことが生じている。以下では大学を対象として、成功の逆説的な結果としての困難さについて論じよう。

⑷　日本の高等教育成功の逆説としての困難

　日本の大学は、明治以降の近代化及び戦後の科学技術発展の中心にあった。大学は近代化の指導者を育成し、国民の知的水準を向上させ、高度な科学技術・工業技術を発展させ、産業の近代化と政治の民主化をすすめてきた。国民言語である日本語による高等教育の成功がその背景である。

　ところが、近年、学問・ビジネスの世界では英語が事実上の共通語となった。英語圏の国々、大学はその利益を享受し、優位な地位を築きあげることができた。すると、高等教育が未発展、国民言語による教育の歴史の乏しい国、人口の少ない人工的国家等でおこなわれていた英語による教育は、「国民言語による高等教育未発達国」という性格づけから、「共通言語である英語による教育」に変化し、先進的という倒錯的な逆転現象が生じた。その典型はシンガポール、香港などの旧イギリス植民地である。

　倒錯的な逆転現象の結果、日本、ドイツ、フランス等、母語により高等教育を発達させた非英語圏の大学においては、英語共通語化へどう対応するかが課題となった。フランス、ドイツと比較すると、日本以外で使用される頻

度が少ない日本語によって高等教育を発達させた日本は、人文社会科学・科学技術・文化の英語による発信という側面で著しい困難に直面した。その典型的な事例が、後に検討するような、世界大学ランキングにおける日本の大学の競争力の弱さである。そこで、日本の大学の世界競争力を強めるために、大学教育を共通語となった英語によっておこなうという試みがなされ始めた。グローバルに展開しつつある日本企業にとっても英語による発信力を高める必要性は高いので、初等中等教育における英語教育の強化、大学における英語による教育の必要性が説かれるようになった。

いうまでもないが、初等中等教育を国民言語でおこなうことは、国民が国民の歴史と文化を学び、国民意識を作るために不可欠である。さらに、現代の学問・科学知識を国民に普及し、国民の知的レベルを高くするには、国民言語による高等教育を維持することも必要である。日本はそれに成功してきた。

そこで、世界における英語の共通語化の進行の中で、国民言語による高等教育を維持しつつ、同時に、英語による教育を、いつから、どのような分野・範囲・規模・方法で行うのかが、近時の日本の高等教育の課題となった。また、それにあわせて、初等中等教育での英語教育の目標、達成すべき水準、英語教員に必要とされる資質も変化してきた。

英語による大学教育には、英語だけによる授業、日本語と英語との二言語による授業の提供という二つのモデルがある。日本語による中等教育を履修してきた者、外国語が母語であるが日本語をすでに学び始めた者、日本語未習であるが日本に関心を持って日本に学びに来た者、学士課程学生か大学院学生かによっても、二つのモデルのメリット・デメリットは異なる。日本の経済規模が大きく、大学卒業生の多くは日本企業に就職し、日本企業の本社機能は日本にあり、日本語による企業経営がされているという条件の下では、日本語による大学教育の重要性に変化はない。しかし、日本の大学は、国民言語である日本語による高等教育を提供することに加えて、世界の学術経済社会で共通語となっている英語による教育を同時に行わなければならないという課題に直面している。この課題の詳細な検討は別途行うことにす

る。

❷　日本の科学技術力の失速

(1)　科学技術力の失速の現状・原因・対策

　失速の現状　

　これまで日本の科学技術力は世界のトップクラスであったが、最近では失速しつつあるといわれている。たとえば、2017年３月に雑誌 Nature は「日本の科学研究の失速」という記事を掲載し、失速の現状を以下のように説明している。①世界の一流科学雑誌における日本人研究者の論文数および、その比重が減少している。②科学論文数が増えていない。また増え方が他の国と比べると相対的に低い。③国の科学研究にかける研究費の額が減少している。④）若手研究者の数が少ない。⑤若手研究者の論文数が増えていない。様々な調査により、これまでも、同じような状況が明らかにされてきたので、ここでは各々について具体的な数値をあげて説明するよりも、その原因と対策について論じることにしたい。

　失速の原因　

　これについていくつかの原因が考えられる。

　①前提として、母集団となる人口の減少がある。たとえば35歳から39歳の人口を比較してみると、1985年には1946年から50年生まれの人口は1063万人いたが、2015年には1981年から85年生まれの人口は834万人にとどまる。

　②若手研究者の就職状況の不安定さ、具体的には大学における若手研究者のポストの減少、ポストの非正規化がある。文科省の大規模国立13大学の統計に拠れば、2007年にはポストの承継が可能な安定的な教員数は２万6297人、その他の任期付き教員等は1797人であったが、2017年にはそれぞれ２万5076人、5632人となっている。別の統計によって、40歳未満の国立大学教員数を見ると、2007年には１万7667人おり、そのうち任期付き教員等は1598人

しかいなかったが、2017年には教員数1万6241人に減少し、任期付き教員は4615人に増加している。安定的なポストにある教員は、10年間で16069人から11626人に激減したのである。

③企業の中央研究所が少なくなり、大学以外の研究機関の研究力が弱まっていることも挙げられる。1970年代以降、日本の大企業は中央研究所における科学研究を基盤として技術革新を行ってきた。理工系大学院の修了生は、企業の中央研究所に就職し、技術革新を導くような研究を行ってきた。しかし、1990年代後半以降、バブル経済の崩壊、企業業績の悪化にともない、研究開発予算も縮小し、企業は研究機関を縮小・廃止した。その結果、企業の研究者は研究とは無関係の分野に配置転換され、離職した者も多い。さらに日本企業に嫌気がさして韓国・中国に流出した者も多く、企業における研究の質量が低下するに至った。このようなことから、大学院生にとっては、もっとも大きな就職先であった企業の研究所での研究を期待することができず、博士課程進学者が増加しなかった。

④大学進学に際して、理系に進む人材が少なくなったこと。たとえば学部学生の中で工学系学生の割合は平成5年（1993年）には19.6％を占めていたが、平成30年（2018年）には7％に低下している。

⑤理工系においても産学連携に傾斜し、基礎研究を軽視する風潮が強まったこと。

⑥バブルの時期以降は、理工系卒業生の金融業界などへ人材が流失した。

⑦自然科学分野に関心を持っている学生のなかで医学部人気が強まった結果、理工系への進学者が少なくなったこと。

⑧初等中等教育における理数系教育の弱さ、理数系教員の数の減少を挙げることができる。

失速への対策

これらに対する対策としては、

①初等中等教育、とくに小学校の段階では、理数系教育を強化するための教員育成が必要であり、教科別指導を小学校の時代から行うことが必要であ

る。

②高等学校においては、スーパーサイエンスハイスクールの指定等による理数系教育の強化、理科実験設備の更新・改善、現代化が必要であること。

③理工系学士課程におけるリベラルアーツ科目の強化及び修士課程との6年間一貫教育化による修士課程修了大学院生の能力の向上。

④理工系博士課程における教育研究のあり方においては、大学や企業の研究職に加えて、多様な選択肢があることを理解させること、とりわけ、起業、スタートアップ、スモールビジネスを支援する制度を充実させ、起業しやすい条件を作ること。

⑤大学における若手人材ポストについては、テニューアつきポストの増加。任期付き研究職における雇用期間の長期化による雇用の安定。

⑥戦後日本は科学技術振興を旗印として経済成長を達成してきたが、それと同様に、イノベーションによる科学技術立国を、国家的な成長目標として、設定すること。

⑦資源の少ない日本では、人材が貴重であり、人間の能力開発がその個人にとっても社会にとっても重要なことを、国民全体が理解できるように意識改革をしていくこと。等を挙げることができる。以下では、日本における科学技術教育・研究について、より一般的に触れておこう。

⑵　STEM（科学・技術・工学・数学）から STEAM（科学・技術・工学・芸術・数学）

STEAM とは

理工系教育の強化に関しては、STEM（Science, Technology, Engineering, and Mathmatics、科学・技術・工学・数学）から STEAM（Science, Technology, Engineering, Arts and Mathmatics、科学・技術・工学・芸術・数学）というアメリカ等に見られる世界的な流れに注意する必要がある。

Science（科学）、Technology（技術）、Engineering（工学）は、以下のように区別される。Science とは科学研究を意味し、典型的には物理、化学、生物、地学などの基礎的な自然科学研究を意味する。Science 分野の研究と

は純粋科学研究であり、物体の特性を研究することを意味する。科学者（Scientist）という言葉がもっともよく当てはまる。

　これに対して Technology とはコンピューターサイエンス、情報科学など社会への応用をも意図した高度な科学研究をいう。

　Engineering は、日本の大学の工学部で教育研究されているような、科学技術を応用して社会に働きかけることを意味する。人間・社会生活に有用な技術的知識の獲得とその応用による製品開発、仕事のことである。機械工学・電気工学がその典型であり、これらに従事する者が技術者（Engineer）である。なお、Mathmatics は数的な思考と処理の能力を意味し、Arts は多様な形態の芸術活動を営むことである。なぜ、芸術の分野が重要となったのであろうか。家庭用・個人消費用の電子機器、通信機器について言えば、どの機器も機能にはちがいがなくなり、ユーザーにとっての使いやすさ、デザインが重要になってきた。例えば従来のボタンを押して使用する携帯電話から、ボタンが廃止され、画面を指で触れることによって利用できるスマートフォンへの移行が典型である。ダイソンの掃除機、加湿器などは他メーカーの製品と機能では差異がないが、デザインが圧倒的に優れ、家庭内ではインテリア家具としての魅力をもっている。日本の電気製品が競争力を失った原因は、新興国の低価格製品との競争によってではなく、高価格製品のデザイン性の欠如によってである。

アメリカの研究大学の教育システム

　アメリカにおいては、STEM 分野において優れた業績を上げるためには芸術分野、とりわけデザイン分野についての知識が不可欠と言われるようになってきた。スマートフォンやダイソンの電気製品の例がそれをよく示すものである。さらにこの意味を十分理解するためには、アメリカの研究大学における教育システムを知る必要がある。研究大学における学士課程ではリベラルアーツ教育が中心であり、STEM 分野についても基礎的基本的な学問が重視され、本格的な STEM 教育は大学院においておこなわれる。大学院においては、博士課程までの５年間一貫教育が前提とされている（修士課程

のみで修了する課程修士学位・Taught Master, Taught Degree とは区別されている）。大学院入学当初は意識的に専門分野への特化ではなく、より広いコースワークをさせ、当該専門分野の一般的基本的な研究を重視し、その後、一定期間経過後から、博士論文作成のために、特定研究分野への特化がはじまる。5 年間という期間を念頭において、幅広い基礎分野の構築を重視している。このことによって、博士号取得後に研究が進展・一段落した後、次の新たな研究テーマへ移行することがよりスムーズに進むようになっている。このように前提の上で、科学者・技術者養成においては、芸術分野をも包含した教育が重要であると主張されている。

　日本においても同様な方向が必要であるが、アメリカの議論を単純に輸入すればよいと言うことにはならない。日本の理工、科学技術系教育は学士課程入学後から専門分野への特化が進み、幅広いリベラルアーツ教育がなく、学部 3 年次から研究室に配置され特定のテーマ研究を行なっている。これまではこのような教育システムが有効であったが、現在では、学士課程初期段階からの抜本的な変革が必要なのである。

⑶　高等学校における理数系教育と理数系リテラシー

● 初等中等教育における理数系教育 ●

　ところで、日本の初等中等教育における理数系科目の教育は多くの問題をかかえている。小中学校の段階では暗記中心の座学となっており、しかも理数系科目を専攻した教員数は減少しており、生徒達の理数系科目に対する知的関心を高める指導能力を有する優れた教員が不足しており、その結果、理数系科目に興味を持つ学生生徒も減少している。

　さらに高等学校の教育においては、大学受験対策のために、早い段階から理系と文系という区別がされ、高校 2 年生の段階から、理系と文系とで異なる教育がされることが多い。その結果、文系学部志願者の理数系知識が不足し、その分野への関心が乏しくなる。これとは逆に、理系学部志願者には歴史の知識が不足し、社会に対する関心が乏しいという問題が生じている。しかも、理数系進学希望者それ自体が減少している。他方、大学に進学しない

者に対する理数系教育はその教育レベルが低いという問題がある。優れた能力を有する教員の増員、理科実験設備の更新・改善、現代化が必要となっている。なお、理数系科目に対する関心が高い生徒に対しては、スーパーサイエンスハイスクールの指定、数学・化学オリンピック等により、その資質を伸ばしていくことなど、理数系教育の強化が必要である。

● 理数系リテラシー ●

　高等学校における理数系科目に関するこのような問題点の結果、いわゆる文系学部への進学者に対しては、高等学校の時代に理数系教育が十分になされておらず、文系学部進学者の物理・化学・数学についての知識と能力の不足が問題となっている。また、大学入学後も専門分野に特化するため、それらの者には理数系のリテラシーが乏しいという問題がある。今後の社会で必要となる情報、統計などの知識や能力の補強が必要であるが、高校時代の基礎知識が不足している。それ故、最近、多くの大学は文系学部入学者に対する理数系入門科目を充実せざるをえなくなっている。

　他方、理工・医療系学部に進学した学生は、大学入学時から専門分野に集中する。その結果、学部学生初期の段階から専門領域に特化し、広い社会的視野がかけ、一般的な教養に欠けるという弊害が見られる。これらの分野の単科大学においてはとりわけそうである。アメリカと比較すると、日本の理工・医療系大学教育においては、学士課程におけるリベラルアーツ教育の強化、大学院におけるコースワークの重視が必要であり、さらに、STEM（科学・技術・工学・数学）からSTEAM（科学・技術・工学・芸術・数学）への移行を勘案すれば、これに加えて、デザイン・芸術分野を取り込むことが必要となっている。

③　大学における科学技術研究

(1)　大学における科学技術教育・研究

　大学における科学技術教育・研究は、文科省の作成する「科学技術基本計画」の影響下にあり、現在は平成28年度から32年度までを想定して策定された第5期計画に基礎をおいている。さらに産業競争力会議は、「イノベーションの観点からの大学改革の基本的な考え方」（2014年12月）を発表しており、イノベーションとの関係での科学技術振興政策が提案されている。

　前述したように、自然科学における国際的な研究・教育競争においては、STEM、あるいは STEAM という言葉が用いられており、日本でも同様なことが主張されている。これからの理工系教育研究においては、科学技術と人文・社会科学との結びつきを強めなければ独創的な研究、技術開発が導かれないことを意味する。理工系教育の目的が、既存の技術の発展・応用であれば、早い時期から分野を特化することで効率的に進めることができる。日本の科学技術研究およびそれを基礎とした理数系教育はそのような時代においては優位性を発揮してきた、しかし、新たなものを発明・発見、創造することが必要な現代社会においては、イノベーションを重視する理数系教育が必要であって、リベラルアーツという観点から人文社会科学分野を幅広く学び、人間の感性・芸術などと結びつけることができる能力が必要となる。したがって、日本における科学技術系教育においては、リベラルアーツ教育を重視するのみならず、芸術をも含む STEAM 教育へと展開させることが必要である。

(2)　理系偏重・文系軽視

● 文系学部廃止の衝撃 ●

　2015年夏に、文科省が文系学部廃止という方針を持っているとの新聞報道がされた。これは全体的な文脈を無視、誤解した記事であったが、これに端

を発して文系学部廃止、理系尊重・文系軽視であるとの批判がされた。経団連の声明（2015年9月9日）も、「理工系専攻であっても、人文社会科学を含む幅広い分野の科目を学ぶことや、人文社会科学専攻であっても、先進技術に深い関心を持ち、理数系の基礎的知識を身につけることも必要である」といっているように、総合的な能力が必要であることは言うまでもない。

理系偏重・文系軽視への批判

　ところで、日本では理系が偏重されており、文系を重視せよという議論がこれまでもされてきた。たとえば、1995年に施行された科学技術基本法に基づいて、2001年に「総合科学技術会議」が設置された際の、大学における人文社会科学研究の意味に関する、日本学術会議「21世紀における人文・社会科学の役割とその重要性について」（平成13年・2001年）報告は以下のように述べていた。「科学技術の概念が自然科学に偏重して理解され、研究環境の整備もバランスを欠いている現状は、人文・社会科学の創造的発展を阻害しがちである上に、自然科学の発展に対してもマイナスの影響を及ぼす可能性をもっている。人文・社会科学は自然科学と相互に補完的な役割を担っているのみならず、自然科学とは異なる発想と手法によって、科学技術に対して独自の貢献をおこなう可能性をもっているからである。日本の科学技術のバランスのとれた発展のために、自然科学と人文・社会科学の統合的・融合的な発展を促進する学術研究体制を早急に整備することが必要である。」と現状を総括していた。

　そして、具体的な改善に関しては、以下のような提言をしていた。「①科学技術概念を転換する制度改革をおこない、人文・社会科学及び自然諸科学分野の統合的・融合的発展について社会一般の理解を促進すべきである。②人文・社会科学の振興を科学技術に関する総合戦略の「かなめ」として認識すべきであり、これは科学技術の全面的発展のために必要である。③科学技術の統合・融合を通じて、科学技術と社会との望ましい関係をきり拓くことができるという文明的展望を、内外に発信すべきである。④科学技術基本計画の中に人文・社会科学の役割を積極的に位置づけるべきである。」

この現状分析及び提言は問題を的確に捉えていたにもかかわらず、なぜ、これが尊重されなかったのかが問題である。人文・社会科学研究は先端的な科学技術研究を組織化し、研究資金を集中するという政策目的に適合するものではなかったこと。さらに大学における人文社会科学系統学部・学問においては、研究者の個人的な独立性の強さもあって、研究のグローバル化・国際的競争の激化にもかかわらず、研究体制の改革を行うことができなかったことにも原因があると思われる。

● 高等教育の軽視

しかし、日本の科学技術政策の問題点は、日本学術会議報告が批判するような理系を偏重してきたことではなく、高等教育を重視してこなかったことにある。人文・社会科学系統の研究を重視してこなかったのみならず、理系に関しても、すでに述べたように、初等中等教育における理数系教育が暗記重視であり、座学重視であり、科学的でも実験重視でもないこと。また、高等教育における理工系・科学技術系教育がリベラルアーツを含まない狭い領域の専門技術者を育成するための教育であった。その結果、社会では、理数系出身者は専門に特化しており、視野が狭いという批判がされるようになった。また、企業や官庁においては、理工系出身者が尊重されず、科学技術がわからない文系出身者が政策立案に関わり、トップの地位にあるという問題もあった。理工系博士号取得者などの理工系人材が政府・企業の中枢を占めるアメリカや中国とは対照的である。

(3)　科学技術研究の商業化

学問においては、社会経済的な状況、学問研究の発展状況などにより、研究分野の人気度合いには変化が生じるのは必然的である。たとえば、社会科学系統においては職業としての法曹の人気が低下するに伴い、法学部志願者が減少し、志願者の偏差値が低下する傾向が見られ、法科大学院志願者は激減した。また、法律学の内部でも、時代の推移により焦点が当てられる研究領域には変化が生じている。同様なことはどの学問分野にも見られる。自然

科学における傾向を見ておこう。

　この点に関しては、カリフォルニア工科大学における研究分野の推移は今後の日本における科学技術研究の動向を予測する意味でも、科学技術発展の方向性を考える意味においても、有益な示唆を与えてくれる（以下の記述はKoushik Phattachar「複雑化する新領域創成に挑むCaltecの未来投資」第12回大学のグローバル化戦略シンポジウム、みずほ証券主催2018年11月9日報告にもとづく）。同大学では、現在の研究分野は、①生物学及び生物工学（Biology and Bio Engineering）、②化学及び化学工学（Chemistry and Chemical Engineering）、③エンジニアリング及び応用科学（Engineering and Applied Science）、④地質学および地球科学（Geology and Planetary Science）、⑤人文学及び社会科学（Humanities and Scocial Sciences）、⑥物理学、天文学、数学（Physics, Astoronomy and Mathematics）に分類されている。今後の社会発展にとって重要な役割を果たす分野に大学の科学研究及び研究資源を集中させようとする戦略的意図が明快である。人文社会科学の分野は6分の1を占めるに過ぎない。そして、同大学における研究は、天文・宇宙物理学から、エネルギー・持続可能性（Sustainability）、生命科学・脳科学へと重点領域を移している。しかも、それぞれの中心には、NASAとの共同研究、並びに、リズニック研究所（Resnick Institute）、チェン脳科学研究所（Chen Neuroscieence Institute）があり、外部からの研究資金が集中している。

　アメリカの大学は、様々な官公庁、民間企業、個人から研究資金を受け入れている。資金の提供者は、研究成果を出すことができる大学・研究所に委託する。研究者は競争的資金の獲得により研究することが当然の前提なので、委託者の要望に即した研究成果を出すことに腐心する。それぞれの大学・研究所には研究資金受け入れに関する倫理規定はあるが、産学連携による研究の商品化、大学から民間への技術移転、研究者による特許料収入の確保、大学発の研究型ベンチャー企業の誕生等のいわゆる研究の商業化が進んでいる。加えて、国防当局からの費用による軍事研究も行われている。科学技術研究における産学連携、軍事研究との密接な関係が前提とされている点にアメリカの科学技術政策の特徴がある。これは中国も同様であって、日本

とは対照的である。

(4)　科学研究経費

　どの分野の研究であっても、研究には経費がかかる。大学の支出のなかでは人件費、教育費、研究経費の区分が重要である。大学財政に関しては、大学経営という観点から、支出における人件費比率が注目されてきたが、研究・教育を本旨とする大学に関しては、研究経費の額及び全体的な支出に占める研究費、教育費の比率の比較が重要である。また、大学に所属する研究者個人、研究チームにとっては、科学研究費が主要な研究資金であり、これに加えて、企業等からの委託研究費が重要な役割を占めている。

　文科省の科学研究費についての分析、とりわけ、総額の推移、分野別の研究費額、国公私立別の研究費総額、申請変数の変化などは重要である。また、理工系の場合は、科学研究費が不可欠であるが、科学研究の恒常的な発展には競争的資金ではない経常経費がより重要な役割を持っている。これら経費の問題を含めた大学における研究活動については、別途考察することにする。

❹　世界大学ランキング

(1)　世界大学ランキングにおける日本の大学の地位の低下

● アジア大学ランキング ●

　この10年ほど、世界大学ランキングにおける日本の大学のランキング低下が話題になっている。2010年のランキングと2019年のランキングを比較してみよう。たとえば、2010年には100位以内に5大学が入っていた。東京大学24位、京都大学25位、大阪大学49位、東京工業大学60位、名古屋大学91位、東北大学は102位であった。

　しかし2019年の THE（Times Higher Education）の大学ランキングでは100位以内には2大学が入るにとどまり、東京大学42位、京都大学65位で

あった。また、QS（QS World University Rankings）の2019年ランキングでは、東京大学23位、京都大学35位、東京工業大学58位、大阪大学67位、東北大学77位、名古屋大学111位となっている。

しかし、より重要なことはアジアにおける日本の大学の存在感の低下である。THEとQSの最新版のアジア大学ランキングは以下の表に示した通りである。THEの2020年ランキングには東京大学が7位に入っているが、QSの2020年ランキングに日本の大学は入っていない。後述するように大学ランキングには様々の問題あり、大学の研究力を適切に示しているとは言えないが、存在感の低下は争うことのできない事実である。

表17　アジア大学ランキング　2020

	THE	QS
1	清華大学	シンガポール国立大学
2	北京大学	ナンヤン工科大学
3	シンガポール国立大学	香港大学
4	香港大学	清華大学
5	香港科技大学	北京大学
6	ナンヤン工科大学	浙江大学
7	東京大学	復旦大学
8	香港中文大学	香港科技大学
9	ソウル国立大学	韓国科学技術院
10	成均館大学 中国科技大学	香港中文大学

このように、世界大学ランキング、アジア大学ランキングを発表しているTHE、QSのいずれにおいても、日本の大学のランキングは低下傾向にある。この他、上海交通大学やUS News and World等多くの機関も世界ランキングを発表している。

● たかがランキング、されどランキング

　日本の大学のランキング低下傾向の原因は、後に述べるように、ランキング作成に際して考慮される要素に基づくものであり、高等教育の国際化・グローバル化の遅れ、英語による高等教育という世界的な傾向から距離があること等にも原因があるが、主たる原因は日本の科学技術力の低下にある。これを挽回するために、文科省は世界大学ランキングの100位までに日本の大学を10校入れるという方針を出したこともある。しかし、何故、10校入る必要があるのか、どのような方法によって行うか等の具体的な提案のない、スローガン的なものであった。これら各種の世界大学ランキングは問題も多く不十分なものであるが、しかし、その影響力を無視することもできないので、著者は世界大学ランキングについては、「たかがランキング、されどランキング」と評している。以下では、世界大学ランキングの特徴について検討しよう。

(2)　世界大学ランキング跋扈の背景

● 上海交通大学の世界大学ランキング

　何故、近年になって、世界大学ランキングが話題になってきたのか。世界大学ランキングは上海交通大学により2003年からはじめられた。その目的は単純・明快であり、中国の大学の研究水準を世界的なレベルに引き上げるために世界の研究大学との比較を行うことであった。中国においては、国家の科学技術力水準の向上のためには、大学における科学研究を盛んにし、その成果を産業・軍事力の強化に役立てるという戦略（学軍産の一体化）が明確である。したがって、ランキングを測定するための指標はノーベル賞とフィールズ賞の受賞者数、在籍者数など単純かつ明瞭な客観的な要素をもとにした。ある大学を数十年前に卒業した受賞者数とその大学の現在の研究水準とが直接的に関連するわけではない。しかし、中国の大学の研究環境条件は、世界水準と比べて劣っており、ノーベル賞受賞者がいないことに象徴されているように、世界の研究大学のなかでのランキングが低いのであるから、これを向上させるためには、国家的資金の集中的な投資が必要という結

論を導くには、効果的でわかりやすい指標である。それ故、中国の政策当局はこれをもとにして重点大学を指定し、研究資金の集中的投下（211プロジェクト、985プロジェクト、111プロジェクト等）を行い、その水準を向上させてきた。すでに科学技術論文数では中国はアメリカを抜いたといわれている（Times Higher Education, Oct.12, 2018の記事による）。改善が必要なことを示すためには順位を低くすることが有意義であった。一定数の研究大学への研究資金の集中的投下の必要性を正当化するという政策目的を達成したので、上海交通大学の世界大学ランキング研究チームへの国からの研究資金の額は大幅に減額され、その活動は縮小されている。ランキング作成者にとって、大学ランキング発表の政策目的は達成されたからである。

● THE と QS の世界大学ランキング ●

イギリスを本拠とする THE と QS とは、当初は一緒に世界大学ランキングを発表してきたが、近年は別個に発表している。しかし、その目的は共通している。イギリスの大学への外国人学生数を増加させ、それら学生に高額の大学授業料を支払わさせ、外国人学生の授業料を国内学生の教育および大学における研究資金に回すことが直接的な目的である。間接的な目的は外国人学生・その家族に、大学生活を営む地元に金銭を落とさせるという外資獲得目的である。同じ英語圏の大学でも、アメリカは、大学の外国人学生誘因力が強いために、国外からの学生獲得のための特別な宣伝活動は必要ではない。輸出産業が乏しいイギリスは、従来からブリティシュカウンシルを活用して英語教育を輸出産業として育成し、国外から学生を獲得するために、政府が広報宣伝活動を行ってきた。大学への政府資金の投下が削減されるなかで、外国人学生から高い授業料を徴求し、生活に必要な金銭を外国から送金させ、大学が存在し、学生が生活する地域に落とさせることによって、大学を外国からの資金獲得産業として育成するという目的を実現するために、イギリスの大学が最上位に来る結果を導くための広報宣伝戦略として、世界大学ランキングを活用している。

英語を輸出産業として活用しているイギリスは、英語による論文を中心に

して研究水準を測定するという方法によって、非英語圏の大学の研究水準が低く出るようにし、英語以外の国民言語で大学教育をおこなっている国の大学評価を貶めるための手法として、世界大学ランキングを喧伝しはじめた。世界大学ランキングはその大学の立地する国の高等教育の特性を無視して、国内市場において競争していた大学を準備がないままに英語を基準とするという人為的市場に引き出し、英語による出版、自然科学を中心とした研究力評価という基準で判定評価することによって、それら大学を貶めようとする意図にもとづいている。英語圏の大学と非英語圏の大学とを英語による論文数によって、比較すること自体、悪質な意図を持っていると言わざるをえない。外国人学生をイギリスに誘因しようとする意図を、英語を基準とするという一見客観的・科学的な指標に基づくランキングという技法によって実現するものである。日本の大学はこのような意図を十分に理解しているようにはみえない。

(3)　世界大学ランキングの評価手法

● 研究力の評価手法

　大学ランキングはどのような分野について、どのような指標で評価をしているのであろうか。研究と教育の両面から具体的に見ていこう。

　研究面から見ていこう。まず、どのような研究分野を対象としているか。自然科学系統が中心であり、とりわけ、生命科学系統が40％を占めている。これが自然科学分野の研究領域をカバーするものとして適切かどうか。理学的な分野においては、物理学、化学がある国の科学力を測定する指標としては適切であろうが、理学的な分野と工学的な分野との比率が適切かは問題となろう。例えば、ある国の社会発展のインフラ整備、技術力の基盤という観点から見ると、土木工学、機械工学．電気工学が測定する指標としては適切である。自然科学分野を対象とする場合であっても、どの分野にどの程度の比重をかけるかが問題なのである。研究力評価に際しては、雑誌論文の被引用度数を基準としているが、そこでは、多数の著者の連名論文が多数を占めており、連名者の所属大学がカウントされている。多数の連名論文に掲げら

れることが大学の研究力を示すものとされる。

　研究論文についていえば、将来ノーベル賞の対象となるであろうが、現在ではほとんど注目されていない先端的分野の研究よりも、現在の最もポピュラーな分野での論文数が多い。ポピュラーな分野での論文は被引用度数も多くなるが、新たな分野を開拓しようとする研究者にとってはあまり意味がない。ただし、新たな分野を切り開く先端的な研究論文であるかは、優れた研究者の主観的な評価に基づくという側面もあり、客観的な評価が難しいという側面もある。

　研究論文の被引用度数を基準とする評価は現在ポピュラーな研究分野はなにかを示すものであって、研究力を評価できるものではない。研究においては、人気のある分野の研究と同時に未だ注目されていない先端的な分野の研究や基盤的研究が重要である。先端的独創的な研究であるかは、優れた研究者でなければわからない。

人文学・社会科学の分野

　世界大学ランキングにおける研究力評価において人文・社会科学分野の占める比率は少ない。人文・社会科学はその国や地域に特有の問題をその国の人々や研究者を対象としてその国民言語で研究、発表することが多い。優れた論文は実態的・実証的な調査・研究から理論的な課題や一般理論を抽出するものであるが、その国や地域に固有の問題を研究する側面があるので、その国や地域の言語で論文が執筆されることが多い。これが、人文・社会科学分野での研究力の対象となるはずのものである。しかし世界大学ランキングにおいては、そのような第1次的な研究をまとめて英語で概観する論文が、英語で書かれた論文という掬いのなかで拾い上げられることになる。このような種類の論文が研究力評価の対象となっている。しかし、その地域の言語で書かれた第一次的研究をまとめて英語で紹介した研究者には英語能力はあるとしても、研究能力があることを示すことにはならない。

　また、人文・社会科学と自然科学との比率という問題もある。大学の研究分野別の教員数を見てみると、社会科学・人文学分野の大学教員の数は、日

本の場合では4割近くを占めており、大学の研究力を測るためにはこれら分
野における研究力を含まなければ、大学の研究力の正確な判断はできない。
しかしながら、英語に基づく大学ランキングでは、人文・社会科学分野にお
ける国民言語による研究をカバーできない。

総合大学と単科大学

　大学世界ランキングにおける研究力評価においてはすべての分野を備えて
いる総合的な研究大学の研究力を評価する場合でも、対象となる総合大学が
どの分野に教育研究の重点を置いているかは異なるのであって、一つ一つの
大学がそれぞれの特色を持って存在していることを考えれば、一つの基準に
よる評価には限界がある。個々の大学にとっては、どのようなタイプの大学
であるのかが重要な意味を持っているのである。

　大学には、その目的に応じて、単科系研究大学、総合的研究大学、人文社
会科学中心大学、教育中心大学など多様な類型の大学が含まれている。これ
を唯一の尺度で順位づけることは意味のないことである。たとえば、一橋大
学は全教員が社会科学系に属しており、医科系研究大学である東京医科歯科
大学は、教養部を別とすれば、医学と歯学しかない。単科系研究大学という
カテゴリーを基準として評価するとしても、一橋大学と東京医科歯科大学と
の研究力を比較する意味はほとんどない。しかも英語論文によって比較する
ことはナンセンスでしかない。同じ類型のなかでもこうであるとすれば、多
様な類型の大学が存在することが重要であることを考えると、一つの基準で
世界の大学をランキングづけることにはほとんど意味がないことになる。

大学以外の研究機関

　研究力という点では、大学における研究とともに、大学以外の国立あるい
は民間の研究所の果たす役割も重要であり、たとえば、アメリカであれば国
立健康研究院（National Institute for Health）、日本においても理化学研究
所、産業総合研究所などの研究機関の果たす役割が重要である。実践的な開
発を目指す民間企業の研究所も基礎研究を担っている。大学の研究力の分析

だけではその国の研究力を把握できない。

　また、研究力の評価に際しては、研究論文数を基準とする客観的な指標による評価に加えて、その研究機関の持っている歴史、研究環境、研究者間の人的な関係等の客観的な指標では測定できない主観的な要素も存在している。評判、名声等の reputation をどのように評価するかも問題となる。

● 教育力の評価手法 ●

　大学は教育機関であるから、大学の教育力をどのように評価するかが問題となる。世界ランキングでは教員学生比率を中心にして評価をしているが、これは、学問分野によって異なるのであり、教員学生比率について医学系と社会科学系とを同一の基準で比較しても意味がなく、決定的な要素とはいえない。教育力の評価については、いくつかの考え方がある。

　まず、当該大学の卒業生の卒業当時の学力に注目することが考えられる。学力の到達合いを基準とする場合、絶対的な到達度を基準とすることが考えられる。学問分野毎に大学卒業時の学力を全国的に統一評価することができればそれによることが可能であろう。そのような基準がない場合には、国による統一的な試験の成績によることは可能であろう。法学系を例にとれば、国家公務員総合職の合格者数、司法試験合格者数によって、学力の到達度を測定することは可能であろう。しかし、絶対的な到達度の測定に関しては、大学入学時の学力は大学毎に異なっているし、入学時の学力との比例が考えられるので、当該大学における教育の成果か、その学生個人が生まれつきもっている能力の結果かの判定は難しい。入学時の学力と卒業時の学力との進捗率、伸び率を測定するという方法も考えられる。相対的な学力の伸びという場合、入学時に測定され評価される学力と卒業時に測定評価される学力とが同種でなければ進捗率を測定することはできない。大学入学後に履修する学問は高校までの学科目とは異なっており、どのように測定するのかという問題を引き起こす。結局、学力の到達度の測定にはこれらの論点の検討が先決問題である。

　卒業後の学生の進路による評価はどうか。アメリカの MBA プログラムで

は卒業生が得ることのできる所得が評価の基準になっている。所得による順位付けは可能であろうが、ビジネスのみならず、政治、学問、専門職等、異なる分野の職業に従事する卒業生の所得は分野毎に異なるのであり、それを所得という単線的な基準で測定することには異論もあろう。国内的評価の高い著名な大企業への就職者数、就職率による評価も可能であり、国内ランキングにおいてはそのような評価がされている。大学が教育機関から企業社会への橋渡しをする役割を担っているという点では有意義であろうが、新規卒業者の一括採用という方式をとる日本企業に独特の雇用慣行であるから、世界ランキングにおいては、このような統計に意味があるかどうかは疑わしい。たとえ統計調査をするとしても、どのような企業を対象にするのか、どのようにしてこれらの情報を集めるかが問題となろう。

　卒業生の社会的活躍という方法も考えることができるであろう。大企業の経営者、その国の首相・大統領、議会の議員、優れた科学者の数を測定評価することは勿論可能であろう。しかしこれらのうちのいずれをとるか、どこに重点を置くのか、また例えば大企業の経営者の場合、出身大学という情報を得ることができるか等の問題が生じることになる。

　大学の教育力の評価が重要なことには誰もが異論はないであろうが、どのように評価するかについては困難な点がある。したがって、国内ランキングがおこなっているように多様な指標にもとづく数値・統計を提供することが、大学の教育力を判定する一つの方法であるというほかないであろう。

精緻化するランキング

　大学ランキングには上に述べたような問題があり、大学の研究力、教育力を正確に反映するものではない。とはいえ、商品としての大学ランキングはなくなるわけではなく、ますます精緻化するであろう。さらに国内ランキングを作成するという試みも行われている。それ故、大学としては、各種ランキングの問題点を十分に認識した上で、これに対処するしかない。

⑷　大学情報の商品化

● 各大学による研究教育力評価との違い ●

　各大学は研究・教育において自大学が占めている地位についてこれまでも分析してきた。研究に関しては、各研究分野毎に分析調査し、研究力を強化する領域があれば、その分野の研究者を教員として採用してきた。また研究の必要性が相対的に乏しくなってきた領域に関しては、講座や教員の削減・減少を試みてきた。教育についても同様であり、現代の学生に必要な分野の教育を重視し、教育の質の改善に努力をしてきた。これらの意味において、大学は、つねに、他大学との相対的な位置を測定しつつ、研究教育条件・環境を改善してきた。それ故、国際的基準を基礎として、比較するという世界大学ランキングの手法それ自体には違和感はない。

● 世界大学ランキングに興味のないアメリカ ●

　しかし、世界大学ランキングはこれまで各大学が行ってきた国際的基準による評価とは異なる性質を持っている。ランキングは高等教育の商品化という時代のなかでの、大学の教育研究情報を商品として提供するものである。商品化した大学情報の購入者・消費者は国境を越えて移動する大学入学希望者である。上海交通大学のランキングは、国家的観点から、中国の大学の研究力を上昇させる目的で策定されたが、それ以外の世界大学ランキングは、国境を越えて移動する大学入学希望者に対して、大学情報を商品として販売する目的から作成されている。とりわけ、THE や QS は、イギリスの大学への外国人留学生を獲得しようとする意図を持っている。

　アメリカでは、1960年代以降、大学入学希望者が増加し、州を超えて移動するそれらの者に対して大学の情報を提供する必要が生じ、国内向けの大学名鑑・案内が刊行されはじめた。そこで提供された主要な指標は学生の入学難易度、教育環境、卒業後の進路等の教育関連情報であった。一部には研究者志望の学生がいても、それらの者にとっては大学院入学時における情報が重要である。特定の専門分野での研究を志すそれらの者は大学卒業時におい

て教員等から情報を獲得できるのであり、大学院入学希望者への情報提供が商品化されることは、ロースクール案内などを除けば、少なかった。

　アメリカの学士課程に国境を越えて移動してくる入学希望者は従来から多数いた。それらの者は国内市場向けの大学情報・案内を参照することにより情報を獲得することができた。アメリカ学士課程への入学希望者は国内からの学生が圧倒的に多く、また外国人にとっても情報へのアクセスは容易であるから、外国学生向けへの大学情報の商品化は進んでこなかった。それ故、アメリカの大学は世界大学ランキングに対する関心はほとんどない。

ランキング情報提供業者

　世界大学ランキングは、国境を越えて移動する留学生・消費者に対する商品として、大学情報を提供するものであり、情報提供業者は大学入学希望者の斡旋・仲介に関わる業者である。これらの情報提供業者は、商品化の対象となる大学に対しては、どのようにして消費者にアッピールするかという情報を提供し、またどのようにしてランキングを向上させるかというセミナーを開催し、ランキングという商品への関心を高める。また消費者である学生・家族に対しては、その学生の能力、経済的条件に適合する大学への入学を媒介する斡旋業を営むことになる。それ故、一見客観的に見える世界大学ランキングはこれら業者にとって不可欠の商品・ツールなのである。

ランキング消費者としての越境する学生

　大学情報の商品化の前提は国境を越えて移動する学生の存在である。国境を越えた移動にも幾種類かの違いがある。たとえば、学士課程入学を目的とする移動と大学院入学を目的とする移動との違い、学問・教育研究分野別の違い、出身国と移動する国との教育研究水準が同等かどうかを基準とする水平移動と垂直移動との違い、大学卒業後社会人として働いていた者のキャリア上昇の手段としての越境など、多様な類型がある。ここでは基本的な論点として、国境を越えて移動しようとする学生にとって必要な情報とはどのようなものかについて触れておこう。

　学生の観点からすると、高等教育を受けるに際して、大学の研究・教育水準が自分に適しているかに加えて、生活する場としてその大学の所在する場が自己にとってふさわしいかが重要な判断要素となる。生活する都市や地域の、生活のしやすさ、居住・文化的条件、生活の安全性、住民との関係、移動する学生の郷里・家族の住んでいる場所からの近接度合い等、様々な環境・条件が問題となる。どの都市で学ぶかはどの大学で学ぶのかと同じような重要性がある。大学の評価はその大学が所在する都市・地域・国の高等教育力・文化力の全体に影響されているからである。

　学生の観点からすると、当該国における国内大学ランキングが世界大学ランキングよりも自己の期待を正確に反映している。アメリカの場合は、外国人留学生市場よりも国内学生市場が大きく、しかも、アメリカのシステムが国際的な標準になっていることもあって、世界ランキングの影響力はほとんどなく、国内における大学名鑑・案内の影響力が圧倒的に大きい。全国型大学と地域型大学との区別、研究大学、総合大学、リベラルアーツ大学等の区別、入学難易度の区別などをもとにして作成されており、国内における学生市場、類型的な市場を反映している。アメリカで教育を受けようとする外国からの学生も国内の大学名鑑、案内を参照して判断するのであり、国内大学名鑑・案内とは別個独立の留学生の固有のニーズを反映した世界ランキングの商品化の余地は少ない。

　日本においても、分析的・類型的で、多くの評価項目を盛り込んだ国内大学名鑑・案内が発行されており、大学入学を希望する学生の多様なニーズを盛り込んでおり、各大学の位置をより正確に測定している。それらが外国人学生にもアクセスしやすい形で提供されれば、商品としても優越的な地位を得るであろう。しかし、外国語による発信がされていないこと、情報提供業者が世界ランキングを発行している THE や QS のようなブランド力を持っていないので、日本留学を希望する者に対しての影響力は少ないという状況にある。

　国境を移動する学生にとっては大学卒業後の就職市場のあり方がより重要な判断要素である。大学卒業後の職業選択において、母国に戻るか、教育を

受けた国において職業生活をするのかで、判断の内容は異なる。たとえば、母国に戻る場合、当該大学での教育研究経歴が母国の雇用労働市場のなかでどのように評価されるかが最も重要である。これは、企業などに就職する場合でも、研究者として生きる場合でも同様である。卒業生が学んだ大学において作り挙げた人的な交流関係・ネットワークが母国においてどの程度有効なのか、キャリア上有利なのかということである。他方、教育を受けた国や地域で就労する場合には、その国における入国管理・外国人登録制度のなかでの外国人の就労・雇用の難しさ・易しさ、外国人材のキャリア形成の可能性、当該地域・国における外国人の受容・排斥の度合いなどが決定的に重要である。

　このように考えてくると、国境を越える学生にとって重要なことは、より多くの・詳しく・客観的な指標が接近しやすい方法で情報提供されることであり、世界大学ランキングは限定された意味しか持たない。

第5章

国境を越える学生移動

❶ 国境を越える学生移動

(1) 国境を越える職業と国内にとどまる専門職

　高等教育のグローバル化は、学生の国境を越えた自由な移動から始まる。国境を越えた人材の流動化が進むグローバル化・全地球化の時代においても、個人は生まれ育った母国のなかで働き、生活し、活躍する場合が通常である。しかし、母国には働く可能性がない場合には、国境を越えた地域で働くことが必要となり、就労するためには、教育による稼動能力の育成が必要となる。

　国境を越えた労働が可能かどうかは、その労働についての国家的な規制が強いか、あるいは労働に必要な能力の標準化・共通化がなされているかに影響される。たとえば、医師、弁護士などの専門職は必要とされる能力には共通の側面がある。医師として従事するのに必要な、生命、人体、疾病に関する知識、身体への侵襲・手術についての技能は共通している。法律家の場合、正義、公正などに関する理解と法的な思考方法、判断枠組みは共通している。しかし、いずれの場合も、その職業に従事するためには、現地の言語による教育を受け、国家による資格の認定が必要である。また、業務内容については様々な規制があり、世界に共通の資格があるわけではない。医師の

場合はその国の健康医療体制のなかで、法律家の場合は国家法・司法制度の仕組みのなかで、活動することが前提である。また、医師の患者・弁護士の依頼者への説明、説得は、現地の言語によることが必要である。したがって、これら専門職としての就労は、現地の言葉で行われる当該国での資格を取得することが前提となるから、外国人の就労は例外的な場合に限られる。それ故、医師や弁護士として働くことを希望する学生は、母国においてその資格を取得し、就労することが一般的であり、国境を越えて、外国で教育を受ける、就労する事例は少ない。

　他方、数学、物理、化学、情報科学、経済学、統計学などの学問を学んだ者は国境を越えた就労が容易である。これらの学問の方法論は、地域の事情により制約されることが少なく、一般化・抽象化されており、また、学問内容の標準化が進んでおり、学習には現地の言葉による制約が少ないからである。このような学問を学ぶ場合には、初等中等教育を受けた地域で学ばなければならないという制約は少ない。したがって、このような学問分野では、学生の国境を越えた移動は近時急激に増加している。

　ところで、中等教育を受けた国と高等教育を受ける国とが異なる、国境を越える学生の数は、2000年には200万人ほどであったが、2012年には400万人を超え、2025年には800万人になると予想されている。日本社会の内なるグローバル化を進めるためには外国人留学生が卒業後日本社会に定着することが重要な意味をもっている。では、日本という社会は国境を越えた学生移動の目的地としての魅力を備えているのであろうか。また外に向けてのグローバル化という観点で見たとき、日本で生まれ育った学生はそのような国境を越えた学生移動のなかでどのような動きを見せているのであろうか。考えてみよう。

(2)　送り出し（プッシュ・push factors）要因と引きつけ（プル・pull factors）要因

移動の要因

　なぜ、学生は国境を越えた移動をするのであろうか。どこからどこへ行く

のであろうか。選択の要因はどのようなものであろうか。その要因には、家族状況、地域的条件、国家・社会の環境などもあるが、基本的には、学生の個人的な選択による。国境を超える学生移動の状況は、学生を国外へと押し出す要因（push factors）と引きつける要因（pull factors）とから分析する必要がある。その中には、大学教育にとって本質的、直接的な要因である学問・教育・研究水準、卒業後の雇用可能性等に加えて、大学の所在する都市や国の魅力等、間接的な要因もある。

送り出し要因

　送り出し要因としては、以下の要因を挙げることができる。その国における大学制度の整備状況・入学の難易度（学生の希望する学問分野の教育体制が整っているかどうか、入学の可能性があるかどうか、当該学生の学力水準に見合い、かつ経済的にも学習が可能であること）に加えて、その社会の安定度、大学卒業後の雇用の可能性が主要な要因である。学生は母国におけるこれらの要因が良好であれば移動を考えない。要因が劣悪であればあるほど送り出し要因が強まることになる。日本のように、大学制度が整い、卒業後の就労が容易であれば、送り出し要因は弱いということになる。

引きつけ要因

　引きつけ要因が強いことが、学生にとっては移動の動機を強めることになる。引きつけ要因としては、大学制度の整備状況（大学教育の質、大学における学問研究の水準、大学入学の容易さ）、高等教育に用いられている言語（現地の言語によるのか、ビジネスや学術分野において事実上の共通語となっている英語による学習が可能かどうか）、経済的な学習可能性（学費・生活費の額、奨学金の獲得可能性）等、大学教育に直接かかわる要因に加えて、学生の出身国・社会との近接さ（地理的な距離、文化的・歴史的な類似性）、生活環境の快適さ、外国人居住に対する排斥の有無、社会の安全さ、卒業後の就労可能性、ビザ取得・帰化の容易さ等、受け入れ社会において外国人学生が生活することが歓迎されているかが重要な要因である。

表18　送り出し要因と引きつけ要因

送り出し要因	引きつけ要因
大学制度の整備状況 　教育体制の整備の度合 　入学の難易度・可能性 社会の安定度 大学卒業後の雇用可能性 経済的事情	大学制度の整備状況 　大学教育の質 　学問研究の水準 入学の容易さ 大学教育の言語 学費・生活費の価額 奨学金獲得可能性 出身地と社会との近接さ 　地理的距離 　社会的文化的類似性 生活環境の快適さ 外国人居住に対する排斥の度合い 社会の安全・治安 卒業後の就労可能性 ビザ取得・帰化の容易さ 外国人学生の生活のしやすさ

　これらは一般的な要因であり、当該学生が学士課程に入学するのか、大学院に入学するのかでも違いがあるし、人文社会科学系の学習を目的としているのか、自然科学・科学技術分野の学習を希望するのかによっても異なる。卒業後、一般企業に就職しようとするのか、自ら起業するのか、家族の経営する企業で働くのかでも異なる。しかし、送り出し（プッシュ）要因と、引きつけ（プル）要因との相関的な比較によって分析するという手法が不可欠である。

　送り出し要因と引きつけ要因との相関関係によって学生移動の方向（出発地と到達地）と強さが決まると推測できる。しかし、それら要因のなかのどの要素が、どの程度、決定的であるのかの統計分析は興味ある課題であるが、個別的な事情によって影響されることも多く、相関関係は推測できても、厳密な因果関係の証明は難しい。

(3)　垂直型移動と水平型移動

● 垂直型移動 ●

　学生の国境を越えた移動には、学問研究水準が下の地域から、上の地域から移動する垂直型と、ほぼ同じレベルの地域・大学間での水平的な移動とがある。垂直型の移動は研究・教育レベルに差がある場合、下から上へという上昇方向を採るのが一般的である。というのは、可能な限り水準の高い大学・地域で教育を受け、研究したいという自然の欲望に基づいているからである。もちろん、明治期日本のお雇い外国人のように、優れた研究者が指導をするために上から下へと移動する場合もあるが、これは例外的である。

　水準が高いと言うことはどのようにして知るか、同一分野の研究者であれば、人的なネットワークがあるので、それにより知ることができるが、学生の場合は専門的な情報を得ることが難しい。各大学の提供する情報に頼ることになるが、その情報が正確であるか、学生にとって関連性があるかはわからない。そこで第三者が情報を収集し提供することになる。国内大学名鑑・案内・ランキング、世界大学ランキングは、このような需要を満たすための仕組みである。

● 水平型移動 ●

　教育・研究水準が同等のレベルの場合に、学生・研究者の水平的な移動が特定大学相互間で進むことが多い。同等の水準とは、教育・研究の実際的なレベルの同一性、研究教育に不可欠な施設・設備の整備状況の同等性、生活水準・コストの同一性等があり、そのような場合には、移動コスト・適応するコストが最小限ですむので、学生の要望に応じて自由に移動することができる。水平的な移動においては、国境の壁を越えたスムーズな教育研究の交流という双方向的な移動が可能となり、教育内容・学位水準の相互保証等の大学における教育・研究制度の調和化が進むにつれて交流が進む。さらに、学生・院生の共同育成、複数大学間での一貫育成という方向を目指すこともおこなわれる。とくに、最近では、教育・研究水準の高い大学間での連携・

アライアンスが進行していく、また共通の背景を有する大学相互間の連携（たとえば、同一宗教組織間での）が進んでいくという傾向もみられる。

⑷ 完全移動と交換・交流型移動

● 完全移動型 ●

　学生移動には、受け入れ先の大学のフルタイムの学生となる完全移動型と受け入れ大学と送り出し大学との間の期間を区切っての移動である交換・交流型とがある。前者は送り出し国の中等教育終了後、外国に所在する受け入れ大学のフルタイムの学生として移動するものであり、全地球的規模で進んでいる留学生獲得競争の対象はこのフルタイム学生である。以下ではフルタイムの正規学生として移動する完全移動型を念頭に置いて議論をするが、日本社会の外に向けてのグローバル化という観点では、交換・交流型移動が重要な意味をもっている。

● 交換・交流型移動の重要性 ●

　ある大学の学生が他国の大学に一定期間移動し、期間経過後、送り出し大学に復帰する場合を交換・交流型移動という。大学間の交換留学制度がこの典型である。交換協定に基づいて、1年・1学期間・数週間程度等、様々な期間の間、相手方大学に留学するものであり、授業料相互免除が原則である。多くの場合、同水準にある大学間で行われる水平的な学生移動となる。なお、垂直的な移動の場合には、送り出し大学は、受け入れ大学から要求される寄付、宿舎建設、授業料支払いなどを飲まざるをえないので、水平型移動としてプログラムを作ることが一般的である。大学院の場合には、同じ研究分野の研究室相互間の院生交流として行われることが多い。

　この種の交流の場合は国境を越える留学生としての統計にはほとんど表れてこないが、優れた研究大学間での院生交流はきわめて頻繁におこなわれている。母国と受け入れ国のトップ大学間の交換学生となること、トップ大学相互間で作り上げるダブルディグリー（Double Degree Program）学生、ジョイントディグリープログラム学生（Joint Degree Program）となることは、教育研究経歴上きわめて有利となるので、各国・地域での有力大学間での研

究及び教育上の連携が急速に進んでいる。例えばキャンパスアジアプログラムにより日本・中国・韓国の３大学で学ぶというのが典型例である。ダブルディグリー（双学位）とは２つの大学から学位を取得することである。主学位と従学位という場合もある。ジョイントディグリーとは複数大学間の協同により単一の独自の学位を取得することである。

　日本社会における外に向けてのグローバル化の主要な担い手は、日本の大学で学び、１年間程度の交換・交流型移動をした学生である。それ故、日本においてブランド力のあるいわゆる銘柄大学が交換・交流型移動を促進するのは、きわめて有効な戦略であり、国内における優秀な学生獲得の有力な手段となっている。

表19　学生移動のパターン

		垂直型	水平型
完全移動型	日本から	送り出し要因と引きつけ要因の強さの相関関係	
	日本へ		
交換・交流型	日本から	受入大学からの過大な要求に服従	大学間の連携・アライアンス
	日本へ	頭脳循環を目指して	

❷　学生移動の現状

⑴　引きつけ要因

アメリカ・英語圏・中国の引きつけ要因

　世界における学生移動の状況はどのようになっているだろうか。最新のユネスコの統計によって受け入れ国の数字を見てみると、英語圏の国が圧倒的な数を占めている。

表20　各国における留学生受入数

（単位人数）

アメリカ	984898
イギリス	435734
オーストラリア	381202
ドイツ	258873
フランス	258380
ロシア	250658
カナダ	209979
中国	178271
日本	164338

Global Flow of Tertiary-Level Students
2020・UNESCO, Institute for Statistics

　外国人学生獲得を国家戦略として展開している国は多い。たとえば、アメリカは、以前から先端的な科学技術研究を推進し、気候変動、エネルギー問題などの全地球的課題を解決するために、奨学金の付与などを通じて、海外から優秀な研究者、大学院生を国家戦略として獲得してきた。とりわけ、基礎的な科学研究の分野では外国人博士課程大学院生の果たす役割は大きかった。博士号取得後は、アメリカで先端的な科学技術関連企業をスタートさせることも多かった。しかし、現在では、これら院生・研究者が母国に帰国することより、先端科学情報、知的財産が合法的に窃取されるとして、安全保障に関わる戦略的な分野での外国人学生の大学院での研究に制限をかける傾向も生まれている。しかし、たとえば無人ロボットを兵器として開発する研究には、軍事のための科学研究に躊躇するアメリカ人学生はほとんど携わらず、外国人院生が携わっており、海外からの大学院生を制限すれば、その種の研究が進まないという矛盾を抱えている。なお、アメリカでは、学士課程の外国人学生に対する支援はほとんど見られない。それを不要とするほど引きつけ要因が強いからである。

　また、イギリス、オーストラリア、カナダなどの英語圏の国々は大学の学部教育を一種の輸出産業として展開している。留学生を獲得することには多くの経済的利益があるからである。まず、留学生からは国内学生よりも高額の授業料を徴求することができる。その収入を高等教育の財源とし、国内学生の学習条件の改善にあてる。学士課程留学生への奨学金はないので、留学生の家族から生活資金が送金される。学生はその地域で消費活動を行うから、地域の経済が活性化される。さらには、卒業した留学生を自国で就職させ、産業競争力を強化するという政策をとっていることもある。優れた外国人留学生を受け入れ、教育し、その国の科学技術産業発展に活用するという戦略は英語圏の大学・国家に共通に見られる傾向である。

　他方、中国への留学生はアフリカ、ラテンアメリカ、東ヨーロッパ、中央アジアからが多い。これらの国々から獲得した優秀な留学生を中国で教育し、本国に帰国後、それらの者を通じて、中国の政治的・経済的・文化的影響力を高めるという意図が明確である。中国の潜在的な支持者を作り、影響力を強化するという対外戦略・国益にもとづいて、重点的に受け入れ国を定めている。「一帯一路・One Belt One Road」構想の国家戦略にもとづいており、その沿線地域出身者が増加している。

アメリカにおける外国人学生の受け入れ状況

　具体的にいくつかの国の留学生受入状況を概観しておこう。受入数のもっとも多いアメリカの場合、2018-19年度において、アメリカの大学・大学院に在籍する留学生の総数は109万5299人であり、アジアからの学生は76万8260人、留学生の70.1％を占めている。これら留学生の半分以上はSTEM科目を学んでいる。さらにこの中の3分の1以上は工学・エンジニアを学んでいる。STEM科目を学ぶ学生が多いのはインドである。これら学生にとっては、21世紀社会で国境を越えた活躍をするには科学技術を習得することが有効であり、その分野の研究が進み、優れた教育を提供するアメリカに留学するのは当然の選択となる。アメリカにとってもこの分野の研究を推進するにはアジア地域からの優秀な留学生の獲得が必要であるという受け入れ

国の戦略とも合致している。もちろん、教育言語が英語であるということが圧倒的に有利な要因である。

表21　アメリカの留学生数

（単位人数）

中国	369548
インド	202014
韓国	52250
サウジアラビア	37080
カナダ	26122
ベトナム	24392
台湾	23369
日本	18105
ブラジル	16059
メキシコ	15229
ネパール	13229

Open Doors 2018/2019
Institute of International Education

　もっとも、これらの留学生がその後、アメリカで就職をすることができるか、永住権を獲得することができるかは、政治的な情勢によって変動している。トランプ政権によるビザ発給制限政策によって、出国せざるを得ない元留学生も多く、それらの者は、シンガポール・香港等で職を見つけるのが一般的であり、これらの地域の科学技術産業力がこれまで以上に強化されつつある。ただし、最近では、香港の政治情勢の影響から日本での就職を希望する元留学生が多くなっている。

⑵　送り出し要因

　送り出し要因を見てみよう。これらの留学生を送り出しているのはどのような国であろうか。ユネスコの統計によれば、外国で学んでいる学生の出身

国は以下の通りである。

表22　各国の留学生送り出し数

（単位人数）

中国	928090
インド	332033
ドイツ	122195
韓国	105399
ベトナム	94662
フランス	89379
アメリカ	86566
サウジアラビア	84310
マレーシア	63253

Global Flow of Tertiary-Level Students
2020・UNESCO, Institute for Statistics

　なぜこれらの国においては押し出し要因が強いのであろうか。各国に特有の事情がある。中国の場合は、大学の教育・研究・学術水準は経済発展に追いついておらず、国民の高等教育需要を満たすに十分な数の大学が設置されていないこと、重点大学とそれ以外の大学との間の教育水準の格差が大きいこと、卒業大学が将来の雇用可能性に影響していること、全国統一試験の成績のみによる大学入学者決定という入試制度の問題点、研究教育の自由度の少なさなどがある。インドの場合には、ごく少数の研究大学を除くと大学教育制度が整備されておらず、研究水準が劣っていること等がある。

　韓国の場合は国内における入学試験競争の厳しさ、トップ大学卒業生以外は大企業に就職できる可能性が乏しいこと、大学卒業者の雇用の受け皿となる企業が少ないこと等の理由がある。そのため、外国において雇用を見いだし、その国や地域に定着することが必要となる。

　ドイツ・フランスの場合の押し出し要因は、ヨーロッパ内での自由な学生移動の原則にある。ヨーロッパの学生はこの原則に基づいてヨーロッパ内の

他の国へ移動して大学教育を受けることも多い。アメリカの押し出し要因と
しては、ヨーロッパへ向かうことも多いが、アジア系アメリカ人が両親の母
国にある大学に留学し、歴史、文化を学ぶという場合もある。それらの者は
アメリカに帰国後、大学院に進学する事例が多い。

❸　留学生戦略のない日本

(1)　日本における留学生受け入れ状況

● 留学生受け入れの現状 ●

　日本における留学生の受け入れ状況はどのようになっているであろうか。
日本に来ている留学生は、東日本大震災前の2010年には14万1774人に達し
た。震災直後には減少したが、その後回復し、留学生統計の変更により日本
語学校で学ぶ奨学生の場合も含まれるようになり、さらに留学生の就労条件
緩和もあり、2018年度には合計29万8980人となった（「平成30年度外国人留学
生在籍状況調査」独立行政法人日本学生支援機構・2019年1月による）。

● 日本に来る学生の引きつけ要因と母国の押し出し要因 ●

　アジアからの留学生にとって日本の魅力はどこにあるのだろうか。日本の
引きつけ要因の特徴は距離的な近さ（アメリカと比べると往来が容易であ
る）、社会の安全（犯罪率の低さ・ガンコントロールの存在）、学問水準の高さ
（理工系分野における）、生活環境の快適さ、就職可能性の高さ（日本語を学ぶ
ために留学しながら就労できること、アジアでの経済活動を強化することを欲し
ている日本企業にとっては留学生は進出先の情報、人間関係の形成をする核とし
て期待されていること）にある。日本語を習得することはアジアにおける日
本企業の存在感が高いことから、将来の就職にとって有利である。英語によ
るプログラムに参加する場合は、英語で学習しつつ、日本語を習得できるよ
うになり、母語に加えて英語、日本語の能力を獲得できる点もメリットであ

表23　日本への留学生数

（単位人数）

留学生総数　298980人　（2018年5月1日現在）

在学段階別留学生数	
大学院	50184
大学（学部）	84857
短期大学	2439
高等専門学校	510
専修学校（専門課程）	67475
準備教育課程	3436
日本語教育機関	90079

日本学生支援機構「平成30年度外国人留学生在籍状況調査」

表24　出身国・地域別留学生数

（単位人数）

	留学生総数	高等教育機関在籍数
中国	114950	86439
ベトナム	72354	42083
ネパール	24331	15329
韓国	17012	14557
台湾	9524	7423
スリランカ	8329	4429
インドネシア	6277	4719
ミャンマー	5927	3385
タイ	3962	3241

日本学生支援機構「平成30年度外国人留学生在籍状況調査」

る。

　日本で学ぶアジアからの留学生の押し出し要因は学生の母国によって異なる。留学生数が最も多い中国の送り出し要因は、中国の高等教育事情と関係

している。すでに述べたように、急速に経済が発展してきたが、大学の教育水準はそれに追いついていないこと。国民の高等教育需要を満たすに十分な数の大学が設置されていないこと。全国統一試験の成績のみによる大学入学者決定という入試制度によって希望大学に入学できなかった場合は国外で教育を受けるという選択をせざるをえないこと、中国における重点大学とそれ以外の大学との間の教育条件の格差、大学院生の研究教育の自由度の少なさなどがある。加えて、大学卒業後の就職可能性、若年労働者の失業率の高さ等の雇用可能性も大きな要因である。さらに社会全体としての送り出し要因としては、中産階層化した家族においては政治的な安定性を考慮して、危険の分散と家族の安全・出国先確保から子女を海外に送り出すという伝統も影響している。

● 文部科学省の留学生受け入れ政策

　留学生30万人計画の下で、日本政府は留学生の受け入れに積極的に取り組み始めた。しかし、その根本的な欠点は、留学生受け入れ政策が、日本と学生の母国との友好関係を深めるという曖昧模糊とした目標しか持たず、確固たる戦略もなく、グローバル化を進めるには外国人学生が有益であるという程度の認識で行ってきたことの結果、世界で展開されている留学生獲得競争に立ち後れていることである。

　その原因は、日本の大学と社会の引きつけ要因及び、送り出し国の送り出し要因に関する分析を踏まえた上での政策が展開されてこなかったことにある。オーストラリアなど英語圏の国においては、留学生の獲得を国家の産業政策として位置づけ、留学生が大学や地元に落とす金銭の獲得を目指し、留学生獲得競争に取り組んでいる。日本においても、文部科学省の政策としてではなく、産業政策としての取り組みをしなければならない。留学生は日本の大学で教育を受けた後は、日本で就労し、社会に定着し、社会を活性化する。日本や母国で働き、さらに起業する場合もある。それ故日本との関連を生かした経済活動と結びつけた総合的な政策が必要である。留学生の日本での就職を促進するプログラムはあるが、しかし、未だそのような政策を実現

する具体的な方向はとられていない。

(2)　留学生獲得戦略をどようにつくるか

● 留学生獲得の目的 ●

　日本の各大学は、日本に来る留学生に対して、日本社会（自由・民主主義・社会福祉、学問の発達、安全・安心な生活・社会）とその大学の魅力とを十分に伝えて来たであろうか。その大学が留学生獲得を大学の目標とした場合、どのような意図で行っているのであろうか。また、どのような課題があるのだろうか。

　少子化により18歳人口が減少するので、国内学生では入学定員を満たすことができないから、入学者を確保しようという意図に基づいて留学生獲得に乗り出している大学も多い。入学定員確保という目標を設定した場合、外国人留学生に適切な教育を施して、日本の労働市場において期待される労働力とすることができるか、確実な雇用可能性を与えることができるかが課題となる。そのような留学生に対する教育として、どのようなカリキュラムが有効なのか、そのカリキュラムを実行できる体制が整っているのか、適切に教育できる教員がいるのか、在学時における就労を確実にするための体制が整っているか、これらについての経験ある職員がいるのか、卒業後の地域での雇用を保障するための仕組みができているのか等が課題となる。

　また、理工系を中心とする大学では、自大学の研究水準を維持するために、中国やアジアから優れた大学院生を獲得するという目標を設定している場合も多い。日本の理工系大学院進学者とりわけ博士課程進学者が減少するなかで、外国人留学生が研究の大きな比重を占める大学が増加している。

　人文・社会科学系を含め、外国人大学院生の獲得に際しては、留学生の経済的負担を軽減するための国費留学生枠の獲得が重要になる。また大学院生を教育補助者（Teaching Assistants）として採用し、学部教育を支援する仕組みを作り、大学院生に対して教育経験を与え、同時に経済的支援を組み合わせるという試みもされている。

116

早稲田大学と中国・韓国

　早稲田大学の事例を紹介しておこう。早稲田大学は戦前において中国大陸や朝鮮半島からの出身者が卒業後、母国で活躍した歴史を活用して、広報活動を行ってきた。早稲田大学卒業生という資源をその国からの留学生獲得という戦略に有効活用してきたのである。たとえば、中国共産党創始者の一人である李大釗は早稲田大学で社会主義を学び、北京大学図書館長時代に毛沢東に社会主義を教えた。この歴史的事実は中国の歴史教科書に記載されており、中国の人々にとって早稲田大学は親しみのある名前である。これを掘りおこし、活用することにより中国で大学広報を積極化し、北京大学との連携関係を強化してきた。改革開放直後に北京大学と大学交流協定を締結し、学部、大学院でのダブルディグリープログラムを開発してきた。

　また、東亜日報、高麗大学の創設者であるキム・ソンスも早稲田大学の卒業生であり、これを活用することで、高麗大学との協力関係を強めてきた。ダブルディグリープログラムやスポーツの対抗戦、慶応義塾大学、延世大学を含めた日韓４大学での学術交流を深めるなどの活動がその例である。もっとも、彼は文政権の下では、親日派として批判され、叙勲を取り消されるなどの措置を受けているのであるが。

　歴史のある戦前からの大学には中国、朝鮮半島、アジア地域からの留学生が多かった。その中には、帰国後活躍した卒業生が多いはずであるが、早稲田大学のように意識的に掘り起こし、活用している例は少ない。どのような目標を設定する場合でも、自大学の直接的な魅力・資源（強い直接的引きつけ要因）を打ち出して、留学生獲得目的を明確に定義することが必要であり、卒業生の活躍という歴史の掘り起こしはそのための有効な手段である。

間接的引きつけ要因

　間接的な引きつけ要因に当たる日本社会の魅力を意識的に打ち出すことも必要である。学問水準の高さを説明するだけでは不十分であって、アジアからの学生にとっては、欧米諸国やオセアニアの国と比べると、往来が容易であり、母国にいる家族との交流が可能であるという距離的な近さ、儒教文化

の影響下にあるなどの文化的近接さ、さらにはアメリカと比べたときの犯罪率の低さ、厳格な銃規制による社会の安全さをより強調することが可能であり、必要である。また、ヨーロッパに比べると、生活環境が快適であり、大学卒業後における日本での、あるいは日本企業での就職可能性の高さを強調することも可能である。さらに留学生は留学をしながら一定の時間の範囲内で就労できるという経済的な有利さ、アジアでの経済活動を強化することを欲している日本企業にとっては日本で学んだ留学生は進出先の情報、人間関係の形成をする核として期待されていること等も含めた広報活動をすることが重要である。

　内なるグローバル化を実現し、日本を多文化共生社会として発展させるためには、外国人留学生が定住しやすい条件を整備することが重要である。大学にとっては研究・教育水準などの直接的な要因ではなく間接的な引きつけ要因であるが、留学生にとっては、日本社会における就労可能性、定住可能性がもっとも基本的な引きつけ要因である。外国人留学生の日本での就労可能性は、専門能力が高いことだけでなく、日本語能力、日本の雇用慣行の理解の度合いに影響されることが多いので、企業・地方自治体などでのインターンシップの促進等を含めた、大学、企業、地域自治体等との連携を強化することが効果的である。

留学生受け入れシステムの整備

　目的を適切に設定した後には、それに適合した学生を受け入れ、適切な教育を施すシステムの構築が必要である。教育目標に関しては、専門性への特化とリベラルアーツ教育との関連、教育方法の改善等、現代の大学教育に一般的に必要とされる課題を達成することが必要であって、日本語教育などの問題を除けば、留学生教育に特有の困難さがあるわけではない。これらの課題に対処することによって、卒業後に有能な労働力として日本国内の企業などに雇用される可能性を十分に発展させることができる。このような課題を達成できる戦略があれば、人口が縮小していく日本人学生と比べると、18歳人口の母集団が一桁大きい外国人留学生を獲得することが可能である。

　国内市場にではなく、全地球的な市場・土俵に登って、留学生獲得競争に乗り出す覚悟が、日本の大学には、なによりもまず、必要である。排外主義的な傾向が強まっているアメリカやイギリスの動向を考えると、日本では、自大学にふさわしい目標を設定し、戦略を決定し、それを実施する制度を構築できれば、成功の機会は大きくなってきている。

　正規生として外国人留学生を受け入れる場合、文科省の予算の限界からして、国費留学生の数が増加することは考えられない。国立大学を私立大学より優先し、また国立大学に平等に配分しようとする留学生配置の実情を考えれば、質の高い私費留学生を増加させることが必要となる。どのような方策があるだろうか。

　私費留学生として日本の大学を目指す者に対して奨学金を付与すること、授業料を低減することは不要である。留学生の指導には国内学生以上の手間がかかるのであるから、それに見合う授業料を徴求するのは当然のことである。そのうえで、国内学生と共通の基準によって経済的条件、学業上の優秀性に着目した奨学金政策を考案すればよいのである。日本ではアルバイトという名による就労が可能であるので、雇用の可能性を大学として、大学内（学生職員制度はこの意味では重要である）及び大学の存在する地域で、整えることができれば、留学生獲得の助力となる。留学生が大学の存在する地域で、アルバイトとして就労することができれば、地域の活性化に寄与することにもなる。卒業後、日本、とりわけその地域で就労する場合には、日本と留学生出身地域とを経済的に結びつけることが可能となり、地域経済の活性化に一層寄与することになる。日本と出身地域の架け橋となり、相互理解を深めるという以上の経済的な利益を得ることができる。また学生が卒業後母国に戻る場合も、日本と当該地域との架け橋となり、相互理解を進めるのみならず、経済の活性化に寄与することに違いはない。英語圏の大学に見られるように、外国人留学生が日本で生活をすることによって地域が獲得できる様々な利益に注目して、高等教育を一種の輸出産業と考え、その視点から、留学生獲得政策を作成することも必要である。日本社会の内なるグローバル化がますます進んでいく時代的背景を考えれば、いずれの大学にとっても、

自大学に固有の留学生獲得政策を練り上げることが必要である。

　なお、非英語圏である日本の大学にとって、留学生に対して日本語で教育するのか、それとも英語で教育するのかという問題が存在している。これについては後に触れることにする。

(3)　日本からの学生移動

● 1990年代の押し出し要因 ●

　日本からの完全移動型の学生移動はどのような状況にあるのだろうか。アメリカにおける日本からの海外大学入学者数の推移を見てみよう。日本人留学生はアメリカのなかで、1994〜97年度までは、国別で第1位を占めていた。しかし2018年度は18105人であり、アメリカ留学生総数の1.7%、国別では第8位を占めるという状況に陥っている。

　1990年代を通じて多くの日本人学生がアメリカで学んでいた。その当時における押し出し要因はどのようなものがあったのだろうか。学部生の場合は、その当時の日本の大学入試が厳しい時期にあったということである。団塊ジュニア世代の18歳人口は1992年には204万人に達したが、大学定員は少なく、日本の大学入学者数は52万人に過ぎず、日本の大学に進学できない場合、当時の富裕層にとっては海外大学への進学が可能であった。その当時、日本はバブル経済の絶頂期であり、経済的な繁栄状態にあったために、送り出しは経済的には困難ではなかった。しかもアメリカの大学卒業という経歴は日本での就職に際して有利に働くと考えられていた。

　他方、アメリカにおいては、外国人学生の大学入学は現在よりも容易であった。授業料・生活費は高額ではあったが、授業料インフレが進んだ現在ほどではなかった。日本において地方から東京に送り出すのと比べて遜色のない程度の金額であった。また中国や東南アジアではアメリカに子弟を送り出すほど豊かな家庭は現在よりは遙かに少なく、入学希望者数も少なかったため入学競争は厳しいものではなかった。さらに当時のアメリカの大学は入学者の減少に悩んでおり、日本からの留学生を大いに歓迎する状況にあった。

　なお、この当時は、ビジネススクールには多くの企業派遣の留学生が学んでいた。バブルの時期の日本企業には金銭的な余裕があり、従業員の能力、意欲を高めるためには海外留学制度は有力なインセンティブであった。アメリカのビジネススクールにとってもそれなりの能力を有する日本人留学生を受け入れることは利益であった。留学する日本人学生にとってもビジネススクールでの学習によって人的なコネクションをつくれるという期待もあった。これらの事情によって、1990年代アメリカにおける留学生の最大の送り出し国は日本であった。

● 内向きの学生？ ●

　この状況は2000年代以降急激に変化する。正規生として海外大学に入学する学生、とくにアメリカへの進学は最盛期と比べると40％の減少が見られる。内向き志向の日本人学生と揶揄されることになる。その真の原因は、18歳人口の減少と大学定員の拡大により国内大学への入学がそれ以前に比べて容易になったことにある。1992年の18歳人口は205万人であり、大学入学者は54万人であった。2019年の18歳人口は117万人であり、大学入学者は63万人である。18歳人口は88万人減少し、大学入学者は9万人増加した。他方、アメリカ大学学費の高騰により送り出しの困難が生じたこと、さらに、中国・韓国・インド・東南アジアからの留学希望者が増大し、入学が厳しくなったことが挙げられる。

　また、予想とは反して、アメリカで学んだ学生の日本帰国後の就職が不利であったこともある。バブル崩壊後の日本では大学卒業者の雇用状況が悪化し、国内の有力大学の学卒者でも就職に困難さがあるときに、日本国内の労働市場にネットワークのない外国大学卒業生が不利になるのは当然であった。さらに、アメリカに留学した学生の卒業した高校が国内トップ大学卒業生の出身高校と比べて見劣りがしていたことも一つの要因であった。

　また、大学院生の留学に関しては、総体としての大学院生の減少と日本の大学院の研究水準の向上により海外大学で研究する必然性が薄れたことがある。さらに、医学・理工系大学院において検討する英語論文のなかでの優れ

た論文には日本人によるものも多く、日本において研究する方が都合がよい場合もある。

　また、海外大学院卒業生は国内大学院生よりも就職が不利な状況にあった。理工系の大学院修士課程卒業生の場合、研究室単位・経由による就職が一般的であり、外国大学院卒業生はそのような方法を利用して就職することができなかった。博士課程卒業生の研究職への雇用に関しても国内大学院生中心の大学教員・研究者市場が存在しており、そこに参入することは困難であった。

　ビジネススクールへの留学に関しても、多くは企業派遣であり、バブル崩壊後の経済的な困難に直面していた企業からの送り出しは減少し、またビジネススクール卒業生の雇用を中心とする労働市場もないことから、ビジネススクールへの入学者も激減していった。このような日本の大学および大学院教育市場の構造的な変化によって外国への留学生が激減していった。これは学生の内向き志向というような主観的な状況によるものというよりは、客観的な条件の変化によるものである。

● 学生の意識の二極化 ●

　ただし、学生調査の動向からすると、日本の大学で学ぶ学生は、国内労働市場での雇用を求める者と、海外での雇用・活躍を希望する学生（グローバル化の中での国際競争や国際協力へ関心を持つ学生の増加）とに明確に二極分解している。後者の場合も、日本社会との結びつきが薄れることを懸念するため、高校卒業後、直接、アメリカの大学に進学することを希望する者は増加していない。むしろ、日本の大学卒業を前提とする交換型移動を希望するのが通常である。日本学生支援機構の協定等にもとづく日本人学生留学状況調査報告によれば、近年の留学生数は継続的に増加しており、平成29年度には6万6千人余りに達している。それ故、ブランド力のある大学にとっては、交換留学制度を充実することによって、国内の優秀な学生を獲得することが容易になってきている。

　ここで、日本との対比において中国の押し出し要因を見ておこう。少し古

い統計であるが2010年の統計によれば、中国からの海外への留学生の数はアメリカ17万8890人、日本9万4382人、オーストラリア9万175人、イギリス7万2527人、韓国4万7477人、カナダ3万9150人である。中国に居住する朝鮮族が韓国に留学する事例、地理的な近接さから日本に来る事例を除けば、英語圏への留学とりわけアメリカへの留学が圧倒的に多い。しかも日本とは異なり、国内における大学制度の整備にもかかわらず、海外に出て行く学生数が増加し、2017年にはアメリカで学ぶ学生だけで36万人を超えている。富裕層の増加により留学費用を負担することのできる家族が増加したこと、国内政治における将来の不透明さから生じる危険の分散・軽減等の理由によると思われる。世界における、留学生市場の拡大の主たる要因は中国からの送り出しの増加にあることは言うまでもない。

(4) 学生派遣制度をどのようにつくるか

学生派遣制度

　日本国内にある大学からすれば、優秀な学生が、日本の大学に入学せず、海外大学に進学することは望ましいことではない。高校卒業者数の減少が顕著な現在では、とくにそうである。他方、大学進学者の観点からすれば、自身の将来にとって、雇用可能性が最も高い大学を選ぼうとするのであって、日本の大学が魅力を有するかが判断基準となる。海外で学ぼうとする希望を持つ学生にとって、海外の大学に直接入学することと比べて日本の大学が魅力的であるためには、交換型移動の整備、学生の海外派遣制度の充実度合いが重要となる。

　日本の大学の観点からすれば、大学に入学した学生に対して、学士課程においては、カリキュラムに組み込んだ海外留学・研修制度を発展させ、派遣学生を増加させる、海外大学との共同学習制度にまで進めることによって、当該大学の国内市場及び全地球的市場における魅力を高めることが主たる戦略となる。また、大学院においては、共同研究をしている研究室、大学院への学生の派遣・共同研究をすすめるという方向が基本となる。

　言うまでもないことであるが、日本人学生に海外で学ぶ機会を提供するこ

とは極めて重要である。同年齢の外国学生と共同で生活、学習、研究し、その能力と知識を深めることができるのみならず、異なる社会での生活により多文化を理解し、外国語能力を高めることが可能となる。それ故、大学が最初に行うべきことは、大学間協定を結んで、学生に対して、1年間・1学期間・短期（夏休み・春休み休暇）派遣する制度を作ることである。実際にも大学間協定に基づく派遣はこの数年間で倍増している。この場合は、同等の教育研究レベルにある大学間の水平的移動・交換が原則となる。

垂直型と水平型

　対外的に知名度の高い大学との垂直的な交流は、協定を結ぶために財政的な貢献・寄付支援を求められることもあり、また派遣学生は授業料の全額の支払いを求められるのが通常であって、不平等協定となってしまう。知名度の高い大学よりも、教育研究水準が同等な大学との水平的交流が、より実質的であり、実際的である。その場合、大学間協定による単純な派遣・受け入れから、カリキュラムに組み込んだ海外学習として発展させることが次の目標となる。海外キャンパスを設置してそこへ派遣という例もかつてはあったが、大学にとっての経済的負担という観点からしても、相手方大学学生との共同学習が望ましいという点からしても、協定校との実質的な交流を深める方が有効である。

アメリカ・イギリス以外への派遣

　派遣先の地域も、英語圏のみならず、中国・東南アジアの大学へと多様化させることが必要である。英語圏の場合は、アメリカよりもカナダ、オーストラリア、ニュージーランドの方が、協定を結びやすいし、英語での教育という点では、マレーシアやフィリピンの大学が有望である。

　外に向けてのグローバル化という観点では、日本の大学卒業生がアジアで活躍することが増えるのであるから、アジアの政治・経済・文化を知るという点でも、アジアにおける華人経済圏の重要性が今後ますます高まるという点からしても、アジアの大学との交流が重要であり、英語で教育を提供して

124

いるアジアの大学との協定が重要になってくる。その場合、英語で学習できることに加えて、現地の言語や中国語を学べるプログラムの開発が不可欠になる。

　内なるグローバル化という点からしても、中国やアジア地域からの日本への定住者が増えていくことからすれば、中国語やアジアの言語を学べる海外派遣制度が今後はより重要になっていくであろう。

⑸　留学生受け入れ・派遣のコスト負担

● 外国人学生に対する財政的な支援

　外国人学生の増加に伴い、外国人学生に対する財政的な支援のありかた、教育プログラムの費用負担が問題となる。ほとんどの国においては、外国人学生の学費は国内生よりも高額である。外国人学生については、国内学生に対するよりもコストがかかること、大学教育には国民の税金が投下されているので、税金を支払っていない外国人に対しては税金相当部分の徴求をするのが当然だからである。

　ところが、これまで、日本では、外国人学生に対する授業料が国内生よりも減額されることが多かった。これに合理的な理由があるだろうか。かつては、外国人学生は経済的に困窮しているので支援の必要があると説明されており、その当時はそれなりの合理性を持っていた。しかし、アジア諸国の経済的発展により、現在ではそのような状況に変化が生じている。また、授業料の減額は留学生の出身国と日本との友好関係にとり不可欠であるという外交上の説明がされることもある。

　学士課程学生について言えば、多様な地域からの文化的背景の異なる学生とともに学ぶことにより、日本人学生は自らの独自性を理解することになり、文化的多様性を尊重する意識が生まれることになるとの理由も付加される。この理由づけは、個々の大学のみならず日本国全体における多様性を尊重するという意味でも有効である。優秀な外国人学生と学ぶことにより、国内学生に学問的な刺激を与え、その結果、教育水準も向上するという説明もされる。さらに、外国人学生の学生生活、消費活動により地域に経済的な利

益をもたらすということもできる。しかし、このような理由付けによって、外国人学生に対する授業料を国内学生よりも一般的に低額にすることには無理がある。諸外国と同様、外国人学生にかかるコストを反映した授業料を徴求することを原則とすべきである。

　なお、大学院の場合は、優秀な外国人院生を獲得することにより研究チームに必要な人員を確保し、大学の研究力の強化に資するという理由づけもされる。しかし、これは外国人学生に特有な理由ではなく、優秀な大学院生を獲得するためには、国籍を問わず、授業料の無償化、奨学金の付与が重要ということであって、国内学生にとっても同様の理由付けが当てはまる。日本人学生を含む優秀な大学院学生の確保という観点から議論を立てるのであれば、国籍を問わず、授業料の軽減、免除、奨学金の充実が必要であり、外国人学生の場合には、研究・生活環境を整えるための費用が必要という根拠付けは付加的、補充的な理由づけでしかない。

外国人学生と国民の負担

　関連する議論として、国民の税金でまかなっている国立大学に、なぜ外国学生を入学させるのか、奨学金を付与するのかという問題がある。

　国際的競争力の高い高等教育を実現するため優秀な外国人学生を獲得することは、結果として、国内学生にとっては教育の機会を失うことになり、またその外国人学生が母国に帰るのであれば、なぜ国民の税金で教育するのかが問題になる。また、外国学生が国内にとどまり社会的に活躍する場合には、国家としての産業競争力は強まるとしても、その陰で国内学生は活躍する機会を失うことになるので、国家としての外国人学生比率についてのバランスが課題となる。たとえば、シンガポールは学士課程においても定員の20％までの外国人学生の入学を認めていたが、国民の反発により15％に減少させた。東南アジアの多くの国は15％を基準としている。日本では未だ問題となっていないが、将来問題となることもあろう。

　大学院においては外国人学生が過半数を超えている事例も多いが、政治的な反発を引き起こすことはほとんどない。学部生と比べればその数は少ない

し、国家にとっては研究力の強化が喫緊の課題だからである。

● 国費留学生の配置 ●

　外国人学生には、自己資金で入学する私費留学生と国費留学生とがあり、およそ１万名の国費留学生は、授業料の免除に加えて、渡航費と生活費（学部生は月額11万7000円、大学院生は14万3000円から14万5000円）が支給される。上に述べた理由により正当化されているが、国費留学生の各大学への配置に関しては、国立大学に建設された留学生宿舎の定員を満たすために、国立大学に配置しているのではないかという批判もある。外国人学生の希望に適した配置がなされていないのではないか、また国立大学が偏重されているのではないかという疑問も指摘されている。

● 学生の海外派遣への経済的支援 ●

　国内学生が海外に一定期間留学する事例も増えているが、海外での費用は自己負担が原則である。交換留学の場合は相互に学費免除がされるので、日本国内大学の授業料を負担すれば、相手方大学の授業料支払いは免除されるので、大きなメリットがある。もっとも相手方大学での学習に関連する生活費などは負担することになる。交換留学でない場合には、在籍している大学の学生という身分を保持するのであるから、授業料は免除されないのが原則である。もっとも、休学扱いとしてその学費を支払えば足りるとする大学もある。

　海外留学を支援する制度を設けている大学も多い。では、これはどのようにして正当化されるか。派遣する大学にとっては、優秀な学生を海外に留学・派遣させることにより当該大学の社会的な評価を上昇させることができ、また学生が大学に戻ってきたときには他の学生にもよい影響を与えるという利益があるので、そのコスト負担が正当化される。留学・派遣される学生は、海外の大学で学ぶという利益を受け、大学に対する帰属感も高まり、卒業後の活躍の余地が広がり、当該大学にとってのみならず、国家・社会にとっても利益をもたらすという説明もできる。

　しかし、学生の留学、海外派遣のコストを大学が負担することには限界がある。そこで、コストを低減化するためには、派遣・留学の相手方大学と同数の学生を交換し、相互に学費を免除する交換留学制度が基本的な戦略となる。双方にとって魅力がある大学の発掘には、知識・経験・ノウハウが必要である。最近では交換留学以外の方法によって学生を派遣することも多いが、派遣先大学との交渉によって、正規の授業料額の大幅な減額を求めるのが通常である。

　留学する学生、協定により派遣される学生にとっては、授業料以外の生活費の支出が必要となり、そのための奨学金が必要となる。派遣留学生の数が少ない時代には、当該大学が奨学金を用意できたが、派遣学生数が多くなれば、他の学生との公平性、大学負担の限界から、支援は困難になる。文科省の始めた「飛び立てジャパンプログラム」は、個別大学を超えた奨学金制度が必要であるという理由に基づいて、民間企業から基金を募り、希望学生を選抜し、奨学金を配分する仕組みを作った。しかし、これについて言えば、それまで自己経営努力により企業からの支援・寄付をえて、奨学金を付与していた大学にとっては、文科省の要請に基づいて寄付をしたという理由で、寄付が拒絶された事例が多いという副作用が生じている。従来からの自己努力で奨学金相当額を獲得したきた大学がかえって不利になるという不合理な政策ということもできよう。

第6章

外へのグローバル化と内なるグローバル化

❶　グローバル化の発展段階

⑴　「出島」としての外事課

●　国内大学としての地位の確立

　日本社会は、外に向けてのグローバル化と内なるグローバル化という二つの課題に直面している。大学はこれらの課題に向き合う体制を整えるために、大学のグローバル化を段階的に進めている。

　外国の大学が海外キャンパスの一環として日本キャンパスを開設する場合を除くと、日本の大学のグローバル化には、3つの類型ないし段階がある。第1は、その国の・国民の大学（National University）としての地位を確立することが前提であって、対外的関係は副次的な役割に止まる段階である。次の段階は国際連携を強め、徐々に、大学の国際化（Internationalization）を進める段階である。最後にはグローバルな役割を果たす大学（Global University with National and Local Identities）に達するという段階がある。しかし、このことは全ての大学が第3の段階に達する必要があるというわけではない。この3つの段階、類型を意識的に選択することが重要である。

表25　大学のグローバル化の類型

1	出島としての国際化
2	国際連携の強化
3	全地球的な役割を果す大学

　どの大学も、国内大学としての地位を確立する時期からはじまる。日本の大学制度は、普遍的な真理・学問を追究するという普遍的（Universal）な性格とともに、近代国家形成に必要な指導的人材の育成という性格を持っていた。戦前の日本では、国家の独立を実現する指導者層の育成のために帝国大学が創設され、近代化・産業化の進展には国民の独立、国民の知的水準の向上が必要であるという観点から私立大学が生まれた。たとえば、早稲田大学の建学の精神である「学問の独立」は、国家と国民の独立、国民言語である日本語による高等教育の確立を意味した。また、国民の模範となる指導者をつくるという意味で「模範国民の造就」も謳われた。国民国家の形成と国民の独立という意味において、国民のための大学（National University）の確立を目指したのである。まず、国内において大学としての存在価値が認められることが必要だからである。この事情はいつの時代においても変わらず、大学の発展は国内の大学としての地位を確立することからはじまる。

出島としての外事課

　国内大学としての地位を確立する段階では、国際に関する業務は限られている。教員の在外研究派遣、及び外国人研究者の受入れが中心であり、学生の派遣受入はごく少数にとどまる。かつては、国際関連業務の全ては「外事課」という名称の組織で行なっていた。江戸時代、長崎に「出島」を作り、そこで対外貿易を行っていたように、大学の本来業務とは別の「出島」という性格を持っていた。出島での業務は本来の業務である国内大学としての地位の確立とは無関係と考えられていた。近時は、外事課は国際課という名称に変わったが、その基本的な性格に変化はなく、現在でも、多くの大学はこ

の段階にある。この段階では、国際課の業務は、外国語とりわけ英語による
対外的な交渉のできる者が中心になる。その数が少なければ、人事の流動化
が進まない、小規模の独立王国的存在になる。しかし、そのような弊害が
あっても、出島の業務だからとして、真剣に検討されずに、放置される場合
も多い。

(2) 大学の国際化

● 国際連携の強化

　次の段階は、国内において大学としての地位を確立した後、それに付帯す
るものとして、国際的な関係の強化、国際連携を進展させる時期である。東
西冷戦が終了し、市場経済が世界のほぼ全域を包み込むに伴い、人・物・
金・情報の国境を越えた移動が活発になり、1990年代以降、世界経済の一体
化が深まった。これに対応して、学生や研究者の国際的移動、全地球的な研
究コミュニティの形成、世界における研究者間の競争と協同の深化など、高
等教育・大学の国際化が進展し始めた。

　例えば、早稲田大学においては、1998年に当時の奥島総長が、Think
Globally Act Locally という表現を組み合わせ、グローカル・ユニバーシ
ティという表現を用いて、大学の国際化、グローバル化を進めると提唱し
た。これに賛同する教職員も多かったが、グローカルという英語は不自然で
あると批判し、反対する教員もいた。早稲田大学はこれに基づいて組織の変
革をはじめ、国際関連業務の拡大、国際課の機能の分化を進め、国際部が再
編された。その時期から、教育のグローバル化も始まり、1999年には大学院
アジア太平洋研究科が開設された。従来の社会科学研究所とシステム科学研
究所とを統合したアジア太平洋研究センターを開設し、大学院へと発展させ
たものである。これに対しても学内の反対は強かった。日本語と英語を教育
の言語とし、修士博士併せて150人の規模の大学院であり、アジア太平洋地
域研究のゲートウェーイとして世界からアジア研究を志す者を集めた。これ
が早稲田大学のグローバル化への出発点となった。さらに、2004年にはすべ
ての授業を英語で行う国際教養学部が設置された。語学教育研究所を廃止

し、留学生別科であった国際部を母体とし、各学部の英語教員を中心として開設した。2010年には文科省のG30プログラムを獲得し、政治経済学部、基幹・創造・先進の3理工学部、社会科学部及びこれらの上にある6つの研究科において、英語のみで学位が取れるプログラムが作られ、国際化の段階が一歩進んだ。これらにより、日本の大学の中でグローバル化が最も進んだ大学であると評価されるようになった。

日本での学びを希望する海外からの学生

　国際連携を強化する段階における中心的な課題は、海外からの学生の獲得である。日本に関心を持ち、日本で学び、生活をしたいと思う外国人学生は多い。その希望動機は時代によって異なる。戦後長い期間にわたり、アジアからの留学生は母国の大学制度が十分に発達していなかったため、垂直型・完全移動型の留学であり、日本語による教育が前提であった。欧米圏からの留学生の中心は、海外の大学で日本の伝統的な文化、文学に関心を持った学生であった。それ故、交換・交流型の留学として日本で学ぶことを目指し、日本の大学は英語による入門的科目の提供と日本語教育とを中心としてきた。例えば、早稲田大学では1964年に国際部を設置し、アメリカの大学から1年間の交換留学生の受入れをはじめた。

　1990年代以降は、日本の経済成長、戦後社会の民主化に関心を持つ学生が中心となり、さらに、現在では、日本の漫画・アニメなどのサブカルチャーに関心を持つ学生も多くなった。交流型の学生も多いが、完全移動型の学生も増加してきた。アジアからの留学生は、従来と同様に、日本での就労を希望する完全移動型が多く、それ故、日本語による教育プログラムに進学することも多い。完全移動型の場合には、その家族を説得し、保護者からの経済的な支援を得なければ、日本への進学は困難である。それ故、学生本人のみならず、保護者や家族を理解させるための情報提供が必要になる。いわゆる引きつけ要因の意識的な開発とその情報提供が重要となっている。日本語能力が十分であれば日本語による教育プログラムに進学することができるが、そうでない場合には英語による教育プログラムに進学することになる。

海外に居住する日本人家族からの学生

　もっとも、英語による教育プログラムへの、進学希望者の多くは、外国に移住していた日本人家庭、つまり、現地に帰化し外国国籍を有する家庭の子弟、あるいは外国に滞在している日本人家庭の出身者である。海外に出ている日本人は、子どもが将来海外で生活することを予定している場合でも、その子どもに日本で教育を受けさせたいという希望を強く持っていることが多い。しかし、日本語で行われるプログラムに進学するのに十分な日本語能力を持っていないので、英語による大学教育プログラムは希望を満たす適切なものと理解されるからである。

　子どもに母国での大学教育を受けさせたいという希望はどの民族にも共通している。たとえば、韓国の大学における英語プログラムに在籍する学生のほとんどは在外韓国人の子どもたちである。韓国以外の国籍を有していても、民族的には朝鮮民族・韓民族である。韓国の大学は、海外、とりわけアメリカにある韓国人コミュニティに対する働きかけを強く行なっている。韓国企業で働く海外駐在員は母国に戻る可能性はほとんどないため、駐在している地域に定着し、外国での生活を相互に支援するためにコミュニティーを作るのが一般的であるが、同時に、子どもには韓国の大学で教育を受けさせたいという希望も強いからである。

　これに対して、日本企業の海外駐在員は韓国と比べると少なく、日本に戻ることを想定しており、現地へ定着する意識が乏しい。他方、アメリカに移住した日本人家庭は、第2次大戦中における収容所生活という経験から、コミュニティをつくることを避け、日本人であるというアイデンティティを薄め、アメリカに同化しようとする意識が強い。日本の大学にとっては、このような特徴を有する在外日本人に対して、どのようにして接近するのかが課題となる。結局は現地の日本人学校に通っていた学生、インターナショナルスクールに通学する日本人学生に働きかけるのが通例である。

英語で授業ができる教員の獲得

　英語での授業を開始する場合には、英語で授業ができる日本人教員の獲得

に加えて、多くの国籍からなる教員集団をどのようにして一体化させるかが課題となる。この点の詳細については後に検討するが、英語で授業ができる日本人教員の獲得は容易ではない。日本人教員にとっては、日本語で授業ができる大学で教育研究活動をする方が容易であり、優秀な教員はそれを希望し、そのような大学で雇用されるからである。そのため、日本語で教育研究ができる大学では雇用されなかったが、英語ができるが故に雇用されるという日本人教員が多くなることもある。

　日本について関心のある外国人教員の雇用に際しては、それらの者がなぜ自分の母国での大学での雇用を希望しないのか、できないのかの精査が必要となる。母国で雇用されていた時期にハラスメントや、盗作などの問題を引き起こした者が紛れ込む可能性があるからである。それ故、日本人を配偶者とする外国人教員が多くなるのは当然のことである。

　この段階での国際化は、国内において確立した地位を獲得した大学が、海外からの学生を獲得し、学生及び教員集団の多様性をはかることが目的となっており、国際連携の強化も自大学と類似の性格を持つ海外大学との連携を進めることが通例である。

❷　グローバルな大学

● グローバル化の二つの方向 ●

　現代の大学にとって必要なグローバル化とは、日本企業や日本社会と同様に、外へのグローバル化と内なるグローバル化とに対応できるように、制度を変化させていくことである。

　民間企業のグローバル化の進展と対比して考えてみよう。たとえば、国際的な競争力を有する日本企業は、日本での売り上げよりも遙かに多い売り上げを海外で獲得し、グローバル企業という標語のもとで全地球的な規模で活動している。製造業を例にすれば、海外での販売業務→生産拠点の形成→海外支店の設置→海外地域本社と分社のネットワーク形成→全地球化に対応する国内本社の機構変革→全地球的なネットワークの形成へと進んでいる。そ

の典型的な事例は、世界の各地域毎に分社体制をとるホンダ自動車である。

　他方、グローバルな事業展開をする日本企業は、国内本社、取締役における外国人比率を高め、日本的な独自性を維持しつつも、世界に通用するルールに基づいて経営をし、国内生産工場では外国人労働者の数を増加させ、海外工場・支店・分社における日本人従業員の比率を下げ、現地人従業員、ローカルスタッフの比率を高め、現地化を進めている。国籍や文化的・歴史的背景の異なる者が共働して意思決定をし、運営をしていく体制が進んでいく。

　海外に展開して活動をする日本人を増やすことと、日本の国内社会で多様な背景を有する者が共生できる条件を整備し、外国人にとっても日本人にとっても生活しやすい環境を作り上げていくこととが日本社会の課題となっている。

● 組織から見たグローバルな大学

　高等教育の分野でも事態は同様であり、大学においても、外へのグローバル化及び内なるグローバル化の達成が課題となる。大学の制度・組織という点からすると、グローバルな大学とは、大学を構成する教職員・学生は国籍に関わりなく、地球のあらゆる地域から集まり、共通言語として英語を用いつつも、地域での現地語による教育をも併せて行う大学ということができる。グローバルな大学とは国民国家を前提とした国民形成を目的とするのではなく、グローバル化した世界で国民という範疇を超えたグローバルな市民の形成を目的とする。国内の大学として確立し、国際的連携を強化する大学とのちがいは国民国家の枠を超えたグローバルな市民の形成を意図するかという点にある。しかし、企業の場合とは異なり、大学は国民言語による高等教育の提供という目的に深く刻み込まれており、企業のように利潤の最大化を目指して自由に国境を超えることは困難である。それ故、多くの大学は国民国家の大学という性格を保持しつつ、国際連携を強め、グローバルな市民の形成をも目的とする方向を目指すことになる。将来的には、それぞれの地域の大学は国際的な連携関係を取り結び、編み目のようなネットワークの一

136

部として組み合わされ、学生は地域を越えて移動することになる。国内が主で国際が従という関係はなくなり、地球を覆うネットワークに組み込まれ、国内と国外との区別がなくなるという方向に進んでいくであろう。

大学の類型と標準化

　大学進学がユニバーサル化した段階にあるので、多様な大学が存在している。たとえば、地球規模で評価される研究力を備えた研究大学、優れた教育を提供する教育大学等に分かれていくが、いずれの場合でも、それぞれの大学にふさわしい、教育や研究での全地球的な規模での競争・協力・貢献が不可欠となる。これを可能にするには、大学の機構・制度の全体の改革が課題であり、世界に共通する標準化された機構・組織にそって整備することになる。しかも、ヨーロッパ大陸型、アングロアメリカ型、東アジア型という大きな類型が維持された上での標準化が進むことになる。

　グローバルな大学であっても、どの地域においても同じようなタイプのフラットな大学になるわけではない。大学の多様性とは独自性の強化を意味するから、それぞれの大学は全地球的、地域的、国家・国民的、地方・地区的、共同体的課題のそれぞれにどのように対応するかが異なる。もっとも、日本の大学、高等教育が日本独自の特徴を過剰に強調し、全地球的な規模での学生や研究者の移動を阻害し、排除するのであれば、携帯電話がそうであったように、日本の高等教育・大学がガラパゴス化し、滅亡する危険がある。

　日本の大学の課題は、日本的特性を備えた、アジアの先導的大学、全地球的な大学として発展することであり、グローバルな社会における大学として最適な教育、研究、ガバナンスのシステムを構築することが必要である。別途考察する予定であるが、大学のガバナンスの仕組み（学長・理事・理事会・学部長会・教授会・評議員会などの権限の配分）、カリキュラムの構成（質の保証と体系性の実現）、人事の仕組み（若手研究者の育成、任期付き研究者の待遇の改善、教員の定期的な評価の仕組み）、国庫に依存しない財政規律の仕組み等の教育研究組織の全体を変革することが課題となる。

● 大学の内なるグローバル化

　大学の内なるグローバル化の整備も重要である。たとえば、キャンパス内で学ぶ外国人学生が増加し、日本語と外国語による教育が一般化するにともない、日本人学生が異なる文化を理解することの重要性を理解し、日本人学生と外国人学生が混在して教育を受け、さらに共に生活できる環境の整備が不可欠になる。

　学内における多様性の尊重は様々な分野で実現されなければならない。前提として、性別、人種、国籍、宗教、思想信条等による差別をなくすことが必要である。教職員の多様化を実現するためには、女性教員・外国人教員の増加、これらの教員が大学内意思決定過程に加わることによって大学内における男女共同参画社会の実現が喫緊の課題となる。さらに学生間における多様性の尊重に関しては、日常的に生活を共有する日本人と外国人との混住学生寮の教育的価値がより深く理解されるであろう。大学が内なるグローバル化を実現し、多様な背景を有する者が共生する場となることによって、学生達は、日本の社会が均質な社会から、多様な文化的背景を有する者が共存、共生する社会へと変わることを理解することになる。学生達に、多様な文化的背景を有する者が共存・共生する日本社会へと変革する担い手になる自覚を持たせることが必要である。

　なお、現在進行中の教育の国際化・グローバル化には、英語による高等教育の支配、大学教育の商業化、研究教育資金獲得のための過当な競争、留学生獲得競争の激化、ランキングの一人歩き、グローバル化の強調による文化的アイデンティティの喪失、新興国からの留学生が母国に戻らず教育を受けた地域に定住する結果としての頭脳流出等の問題もある。これらについてはそれぞれの箇所で触れている。

❸　グローバル人材とは

(1)　グローバル人材の意味

● グローバル企業のニーズ ●

　大学のグローバル化ということとの関連で、グローバル人材という言葉について考えておこう。ここでも、外に向けてのグローバル化と内なるグローバル化という観点が必要である。

　外に向けてのグローバル人材については、多国籍化・超国籍化・無国籍化した企業のニーズにこたえる人材、経済発展に貢献する人材という側面が強調されてきた。これは、経済のグローバル化の進展により、出自に関わりなく、国境を越えて、より良い高等教育を受け、学位を取得した者が、出身にかかわらず、質の高い人材として、労働市場で歓迎されている状況を象徴するものである。ビジネスの社会での世界共通語となった英語を使えることは前提であり、高度な教育を受け、最新の専門性を持った人材がグローバル人材であると喧伝されている。

　この観点からすると、大学や大学院の任務はグローバル人材を育成することであり、どれほど多くの学生を、グローバル化した経済社会で高い競争力を有する企業に就職させるかによって、大学の世界的な市場における位置が決まることになる。商業的な世界大学ランキングの背景にある思考方法はこれである。すなわち、労働市場において質の高い人材として評価されることを目指して、学生は国境を超えて大学教育を受けようとする。どの大学が自分の能力を開発し、世界の雇用市場のなかで有利な雇用可能性を与えてくれるかどうかが、国境を超える学生にとっての大学選択の基準となる。グローバルな企業に採用されるかは、大学時代に身につけたスキル、能力、知識によって決まり、その大学のブランド価値にも左右されるからである。自分の雇用可能性を向上させるために、時間と費用を費やして大学に進むのであるから、進学する大学がより良い仕事・職業・労働・雇用の可能性を提供する

のかを知る必要がある。学生にとっては、これらの情報を提供するのが世界大学ランキングであるということになる。

外国人と日本人との学生比率

　個々の大学にとって、外に向けてのグローバル化とは、世界から優れた学生・研究者を獲得し、世界の知の競争のなかで優位な地位を占めるための、世界的な競争状態を示す言葉となる。それ故、大学の国際競争力を高めるために、優秀な学生を集める必要があり、学生の国籍にこだわる理由はないことになる。しかし、このことは日本人学生及びその親にとっては、国民の税金によって支援されてきた大学であっても、外国からの学生がより優秀であれば、日本人学生は、国内の大学に進学できなくなることを意味する。一般化していえば、優秀な外国人学生は当該国における国内出身学生の入学可能性、卒業後の雇用可能性を奪うという結果を導く。そこで、国民国家においては当該国民に対して教育を提供すべき義務があるという論理に基づき、国民の間から大学のグローバル化への反対論が出てくる。とりわけ国民の税金により運営されている国立大学に対しては、学部における外国人学生の入学割合を15%とか20%とか、一定の比率未満にとどめるべきであるという批判が国民のなかから生まれてくる。たとえば、これまで外国からの学生に寛容な政策をとってきたシンガポールにおいても、学士課程学生に対しては、定員の20%までとする上限が付されるようになり、さらに15%になったのはその典型例である。15〜20%程度であれば、国内学生の進学を大きく阻害することにはならず、また優秀な外国人学生との競争により国内学生の勉学意欲も高まるということである。

　しかし、国家の視点からすれば、外国からの学生、他民族の学生が、大学卒業後に、教育を受けた当該国の国籍を取得するのであれば、国民のなかでの国内で生まれた者と外国で生まれた者との割合が変化することはあっても、国家としては問題ではないという対抗論理が示されることになる。これに対しては、新たに国籍を取得した者は、旧来の国民・日本民族と同様の文化的伝統、価値観を有すべきであるという意識を強固に有する者からの批

判・反感も高まるであろう。しかし、世界的な知の競争状況に直面している国家からすれば、国籍に関わりなく知的能力を中心とする入学者選抜の継続が望ましい。実力主義、実績主義という原理が尊重されるべきであり、国立大学の入学者を国内生に限るという伝統的な納税者の論理にしたがうのであれば、大学・国家は世界的な知の競争状況のなかで、脱落してしまう。それ故、双方の論理に配慮して、国立大学においては外国人学生比率を一定割合に限るという現実的な妥協がなされることになる。

(2) グローバルな課題解決に尽力するグローバル人材

● グローバルな課題 ●

　多くの大学は、グローバル企業のニーズに沿った人材育成が、グローバル人材であるという理解はしていない。個別的な企業の発展に貢献することとは別の、グローバルな・全地球的な経済の発展に貢献する人材の育成を否定するわけではない。しかし、それのみでなく、地球環境保全、自然再生エネルギーの拡大、公衆衛生の向上、世界の貧困・戦争の解消、民主化の実現、平和構築等のグローバルな全地球的な課題の解決に貢献する人材を育成することが大学の役割であると強調する。それ故、多くの大学はグローバルな課題の解決に貢献する者がグローバル人材であるという、より一般的な説明をおこなう。

　早稲田大学の例を挙げておこう。創始者である大隈重信は、1913年に、「教育は、人格の養成を根義とし…ただ専門智識を吸収するのみでは…人間は利己的になる。犠牲的精神は段々衰えてくる…この弊を避けて…一身一家、一国の為のみならず、進んで世界に貢献する人材の育成…が早稲田大学の教旨の最も根本を為す」と述べている。

　早稲田大学は、これを前提として、グローバル人材を、全地球的な視点を持つことができ、多様な歴史的・文化的背景を有する者が共生する社会の構築を目指し、多様な価値観を理解し、世界のあらゆる場所で活躍、貢献することのできる人材と定義する。このような考え方に拠れば、全地球的に活動する人材のみがグローバル人材ではない。

● 様々な場での活躍 ●

　学生は大学を卒業した後、生まれ育った故郷や地方のまちづくり・過疎化等の地方・地区（Local）の課題、あるいはより狭い共同生活圏（Community）の問題、学生の属する国家・国民（National）の直面する課題（日本を例とすれば、少子高齢化、社会保障改革、経済の再生等）、国家を超えたより広い地域（Regional）の課題（例えばアジア地域における経済・社会の統合）、さらには、環境・資源・エネルギー等の全地球的（Global）課題を解決するために生活し、活動すべきことになる。このように、一人の学生が、同時にまたは逐次に、共同生活圏（Community）、地方・地区（Local）、国（National）、地域（Regional）、全地球（Global）という場面で活躍することが期待されている。このような人材がグローバル人材である。

(3)　地方・地区（Local）の場でグローバル化に貢献する人材

● 地方創生人材 ●

　グローバル人材との対比で、地方創生人材という言葉が用いられることもあるが、これは正しくない。「地方」という場を主たる活動の場とする「地方創生人材」は、それぞれの地方・地区において、日本国内の内なるグローバル化、及び地方からのグローバルな発信、外に向けてのグローバル化に貢献する人材のことをいう。学生・人材にとって必要な資質・能力はグローバル人材と地方創生人材とにちがいはない。

　地方・地区の視点から問題を考えてみよう。外に向けてのグローバル化という点では、「地方・地区」と日本以外の地域、地方・地区とが、国家の枠組みを超え、国境の壁を破り、直接に結びつく時代になったことが重要である。たとえば、地方にある中小企業が、その地方で育成した技能実習生との協力によって、生産物・商品を直接海外市場に輸出をし、海外子会社を作りつつある。工業製品のみならず日本の優れた品質の果物や米等の農産物は、直接海外市場を相手にした生産・販売活動をすすめている。1億人程度のマーケットから70億人を超えた全地球的なマーケットを対象にした産業化がどの分野でも進んでいく。このような結びつきは、すべての産業において加

142

速化するであろうし、日本の産業の発展可能性はその方向にしかない。

内なるグローバル化の課題

　内なるグローバル化の推進が今後は一層重要な課題になる。日本社会の少子化に伴う労働力不足は、高齢者・女性の雇用拡大に加えて、外国人労働者の増加によって埋める以外には方法はない。技能実習生制度の改革はその点からすれば、必然的な方向である。技能実習生として日本で働いている外国人労働者は母国では高等教育を受けていたことが多く、それらの者の優秀な能力を活用することが必要である。もっとも、アメリカでも高度な技能を持っている移民労働者の能力が十分に活用されていないことが問題になっているように解決は容易ではないのであるが。2018年末の日本に滞在する外国人は273万人に達し、外国人比率は２％を超えており、埼玉県川口市芝園町のように外国人が日本人より多い地区も生まれている。外国人の定着を進め、日本人との共生を実現する必要性はますます高まる。さらに、インバウンドの外国人旅行者は急激に増加し、2018年には３千万人を超え、北海道のスキー場では日本人よりも外国人観光客が多くなり、全地球的な基準にもとづくリゾート建設も進んでいる。それぞれの地域において、このような内なるグローバル化を受け入れる環境を整備することが必要になっている。

　全地球化により国境の壁を越えた地方・地区（Local）、共働生活圏（Community）の結びつきが進んでいく時代においては、地方創生人材とグローバル人材を対比するという議論は適切ではない。両者に必要な資質と能力とは共通であり、活動する場に違いがあるだけである。

⑷　大学におけるグローバルな人材の育成

教育方法の変革

　大学は、どのようにして、グローバル人材を育成するのであろうか。大学の基本的役割の一つは、社会の発展に貢献する人材の育成であるから、現代社会にとって必要かつ有意義なカリキュラムを作成し、同時に、教育の方法を変えていくことが必要である。

　教育方法についていえば、すでに、これまでとは抜本的に異なる方向へと
進化しつつある。たとえば、一方的な講義形式による授業から双方向型教育
へと変わりつつある。大教室による教育から少人数教育へと変わり、受け身
の受講態度から事前に配付された文献・資料を読んできたこと、理解してき
たことを前提としての討論中心型授業に変えることが進んできている。これ
は最近では反転学習と呼ばれる。授業に参加するためには事前に資料を読ん
でくることが義務となり、討論型、対話型、課題型の授業が主流になってい
る。課題解決的教育システムへの転換が進んでいる。インターンシップ等の
方法による教室内の机上教育から実際の社会の現場を理解した教育への変化
もみられる。知識習得のみならずリーダーシップの育成など社会で必要な非
認知的能力の育成・習得なども含める教育になりつつある。MOOCS（大規
模公開オンラインコース）等の新しい教育手法を導入すること、Online と On
Campus とを組み合わせた授業形式等が進んでいる。既に多くの大学教育は
このような方向へと進化しつつある。大学教育の現場を知らない者からの大
学教育批判はすでに的はずれになっている。グローバル化する大学における
カリキュラムの作成、教育方法の変更に関する論点は、第7章で検討する。

グローバル人材に必要な能力

　グローバル人材に必要な能力は叡知・志・実行力である。日本を例にすれ
ば、日本の歴史・文化についてのみならず幅広い国際的教養を持ち、異文化
理解力、高い専門性を有し、分析力・考察力、言語・コミュニケーション能
力、課題を発見し本質を見抜く洞察力、自律的・批判的思考能力等の「叡
智」、世界の平和と福祉の希求、勇気やチャレンジ精神、奉仕と感謝の心、
高い道徳心と倫理観等の「志」、人と協力して周囲をまとめる能力、物事を
最後までやり遂げる力、何事にもめげないタフさ等の「実行力」を身につけ
ることである。これを備えた超人は実際にはいないのであるが、大学にとっ
ては、その方向を目指して学生を教育することが必要であり、それこそが全
ての学生に対して負っている大学の基本的な教育の任務を果たすことであ
る。若者の教育にとって、大学は、「知識」・「叡智」などの認知的能力を獲

得するのみならず、「志」や「実行力」といういわゆる非認知的能力を身につける場でもある。

　繰り返しになるが、日本人学生に留学を経験させることはきわめて重要である。外国の同じ年齢の学生が何を学び、考え、どのように行動しているかを実際に体験する海外学習をカリキュラム内部に組み込むことは有効な方法である。異なる社会を体験させることで、日本人学生の内向き思考を変え、多様な価値観を尊重することを身につけさせ、それを通じて日本社会の閉塞感を打ち破る人材を作ることができるからである。

⑸　グローバル人材の外国語能力

共通言語の必要性

　これからの日本人学生にとって、どの程度の外国語能力が必要なのか。異なる歴史文化を背景とする者との交流を深め、協力するには、元来その者の話す言葉を理解する必要がある。相手方の言語の習得が前提である。しかし、それぞれ異なる言語を使う複数の者との交流をそれぞれの言語でおこなうことは、人工知能による翻訳通訳が即時におこなわれるようになれば別であるが、現在の段階では困難である。たとえば、日本、中国、韓国の研究者が共同研究を行なう場合を例として考えてみよう。この場合、日本、中国、韓国の研究者がそれぞれ母語に加えて、二つの外国語を駆使することは考えられない。それ故、互いが意思を疎通できる何らかの共通言語の利用が必要になる。人工的な共通言語であるエスペラントはこのために考案されたのであるが、これが普及していない現状では、好き嫌いにかかわらず、実際上は、英語を共通言語とせざるをえない。

頭脳に届く言語と心に訴える言語

　外国語能力には二つの異なる目的とレベルがある。一つは、異なる言語の使い手が共通の言語により理解するための、いわばコミュニケーションのツールとしての言語である。しかし、言語はその背景に文化、歴史を持っているのであり、それをも含めた相手方の言語を理解することが必要である。

これが文化的・歴史的背景をも理解した言語習得である。ネルソン・マンデラは、「あなたが相手方が理解できる言葉で話すのであれば、それはその人の頭脳に届く。しかし相手方の母語で話すのであれば、それはその人の心に訴えることができる」「If you talk to a man in a language he understands, that goes to his head. If you talk to him in his own language, that goes to his heart.」と述べたのは、きわめて的確である。日本人・中国人・韓国人が議論をする際に英語を使う場合は、英語の文化的背景の理解とは関わりなく、意味が通じればよいことになる。このとき、日本人が韓国語、中国語を使うことができれば、それは相手方の心に響く。相手方社会の文化と歴史を知っていることが想定されるからである。そのような能力の獲得は外国語学習の究極の目標である。心に訴えうる言葉を用いる能力の獲得が外に向けてのグローバル化でも内なるグローバル化でも望ましいことは言うまでもない。しかしこれを一つの言語において獲得するのも容易ではなく、まして複数言語についてこのような能力を獲得するのは困難である。

● 世界や地域の共通語の習得 ●

　現代の社会において、相手方の心に届く外国語の習得には至らないが、それとは別の学術・経済・ビジネスの共通言語となっている言語を駆使する能力も必要である。現代、必要となっている英語能力とはこの意味であり、理解するための道具としての言語能力である。さらに、アジアのビジネス社会における華人ネットワークの存在を考慮すると、アジアにおいては中国語が準共通語的な位置を占めている。実際にも、シンガポール等の東南アジアで働く日本人にとっては、英語と中国語が、共通語という意味で、必須になりつつある。今後の日本人にとって、英語と中国語とで意思を伝達する能力を獲得する必要性は高まってくるであろう。もちろん英語や中国語の場合も、それを母語として話す者がおり、それらの話し手との間では、心に訴える言語能力が必要なのであるが。

共通言語は相手方理解の入り口

外国語を学ぶことはどのような意義があるのだろうか。そのことによって、母語についての感覚が鋭くなり、異なる文化の持つ魅力に気がつくことになる。異なる文化を理解し尊重する能力、多様な背景を有する人々と協力して生きる能力は、これからの日本人にとって不可欠である。海外で活動する場合のみならず、内なるグローバル化が進んでいく国内において生活する場合にも、少なくとも、共通言語である英語の習得が必要となる。たとえば、日本人と中国人、韓国人が話しをする場合、英語を使用せざるを得ないが、それは、相手方に対して話者の文化・歴史・社会に関心を持たせるための入口である。非英語圏の言語を母語とする者同士は英語を通じて意思疎通をせざるをえないが、そのことによって、話者の母語を知らない者に対して、話者の属する文化圏の魅力を伝えることができる。これによって、話者の属する文化や社会をより深く学ぼうとする意欲を相手方に引き起こす可能性がある点が重要なのである。共通言語の利用は話者の母語・文化を理解させる、知るための入口なのである。

大学卒業生に必要な外国語能力

それでは、現代の大学卒業生一般にとって必要な外国語能力とはどのようなものであろうか。AIによる翻訳機能の飛躍的発展が進むであろうことを前提としても、ビジネスの社会において共通語、準共通語となっている英語や中国語を習得することが前提となりつつある。ビジネスや学術の世界では、事実上の共通語となりつつある英語によって日常的な意思伝達をする能力、とくに、インターネットの社会においては、英語を通じて情報獲得・意思伝達を可能とする能力が必要である。

また、相手方の心に訴えることができる言語能力の獲得も必要である。英語や中国語はそれぞれの民族にとっては、民族の母語である。それ故、これらの言語に関して、心に届く言語能力を獲得することも重要である。内なるグローバル化という視点からみると、現在の日本では、国内に居住、滞在、訪問する様々な国や地域からの外国人数が急激に増加している。それらの

人々との間で英語による意思伝達も重要であるが、それら外国人の、その多くはアジア地域からであるから、アジア地域で生活する人々の母語を習得することも必要である。

　このように考えると、どの言語について、どのレベルまでの能力を習得するかは、個人の選択によるが、多くの大学が学生に課している二つの外国語を履修するという要件は妥当である。学習者はどの外国語について、頭脳に届く言語能力または心に訴える言語能力のいずれを獲得するのかを自覚して学習することが重要である。第一外国語としての英語は理解するための能力としての言語習得で足り、第二外国語こそが心に響く言語能力習得を目的としなければならないという場合もあろう。また、言うまでもないが、外国語能力取得以前の問題として、異なる文化を理解し、尊重する能力、多様な背景を有する人々と協力して生きる能力は、すべての日本人にとって、海外で生活する場合のみならず、内なるグローバル化が進んでいく国内において生活する場合にも必要なのである。外国語によって相互間に意思を伝達する能力以前の資質・心構えという領域に関わるものが重要になるのである。

第7章

グローバル化とカリキュラム
——リベラルアーツと国際教養——

1 日本の大学の教育方法の特徴

(1) カレンダーとカリキュラム構成

● 学年歴・カレンダー ●

　グローバル化した社会では大学のカリキュラムは、リベラルアーツ教育を重視する必要がある。現代では、科学技術、学問研究が急速に進展し、これまでの知識の陳腐化が早いので、生涯を通じた学習が必要となる。それ故、学士課程においては、継続的に学ぶ姿勢と能力を身につけることが何よりも大切になる。学士課程で習得した知識を更新し、新たな知識を習得することは、職業生活を通じて行うことが不可欠である。本章ではリベラルアーツ教育及びこれに関連する国際教養という概念について、検討する。その前に、日本の大学の教育方法の特徴について触れておこう。

　日本では1コマの授業時間を90分ないし100分とするのが一般的である。しかし、教室数、教員の配置にゆとりがあるアメリカでは、1コマを50分とし、講義、討論、発表、協同作業などの授業形態に合わせて、適宜、2コマ連続授業を組み込み、柔軟な授業運営をしている。教員学生の双方にとって、より効果的な教育・学習方法となっている。

● 通年制・セメスター制・クォーター制 ●

　学年歴には、通年制及び様々なタイプの学期制がある。かつては１年間を通じて学習する通年制カリキュラムが通常であった。前期と後期とに区別されることはあっても、成績は年間を通じて評定された。学生自らが学習を進め、深い理解に達する可能性はあるとはいえ、10以上の科目を週１回・年間を通じ学習する方法は効果的ではなく、また学年末に多くの科目の試験を一斉におこなうのは学習成果判定としても効果的ではない。

　その結果、現在では、年間２学期制・セメスター制度が一般的になった。半年を通じて、６から７程度の科目を週２回（４単位科目）、あるいは週１回（２単位）履修するのは教育方法、学習成果判定として効果的だからである。３学期制（トライメスター制度）を採用する場合は、より集中的な学習が期待されている。４学期制・クォーター制度には、二つの仕組みがある。学生は４学期すべての履修が必須である場合のほか、大学は４学期、開講するが、学生・教員ともに３学期の教育・学習が必修である場合もある。これが一般的である。学生は、１学期間、自由な学習、インターンシップなどの学外活動に携わることができ、教員は１学期間は授業負担がないので、研究に集中できる時間を確保できる。さらに、アメリカのリベラルアーツ大学では集中的な教育をおこなうために年間９学期制として、１学期には１科目のみを履修する例もある。

　このように学年歴には多様なタイプがあり、それぞれに利点と問題点とがある。教室数、教員の配置とも関連するが、２学期制または４学期制が、学習効果及び教員の研究時間の保障という点で、適切なものと考えられている。

● 入学時期 ●

　学生は授業開始時に一斉に入学し、標準的な卒業単位数を履修した時点で一斉に卒業する。この制度は、教育方法として効果的であり、これによって学生の間に同輩意識が生まれる。これまでは入学時を年間１回・４月とし、４年後の３月に卒業するのが通例であった。入学時期を４月とするのは日本

特有であり、北半球の多くの国々では 9 月入学 6 月卒業が一般的である。そこで、日本でも 9 月ないし10月入学を原則としようという議論もなされた。しかし、小中学校からの学年暦、会計年度等との関係から 4 月入学が定着しており、大学のみが一律に秋入学に変更する必要はない。それよりは 4 月と 9 月との年 2 回の入学を認め、セメスター制を採用するのが合理的である。多くの大学ではすでに秋学期からの入学を認め、それらの学生に対しては、夏休み前後に卒業式をおこなっている。セメスター制度を採用する場合には、 4 月及び 9 月の年 2 回の入学式が行われる。

● 学期毎の学習目標 ●

　教育カリキュラムを作り上げる際には、それぞれの学期によって学習目標・内容にメリハリをつける必要がある。厳密に言えば、年間35週間、 4 年間140週間の各週毎に、カリキュラムの目的・内容が異なるのである。セメスター単位でカリキュラム内容を考える場合には、 4 年間の 8 学期のどこにどのような性格の科目を配置するのかが重要となる。

　たとえば、 8 学期制の各学期毎に目標を定めるならば、次のようになる。高校を卒業して入学した最初の第 1 学期には、大学で学ぶことの意味、大学における学習方法の高校との違いについて体験的に理解させる導入演習、少数の基本的科目の集中的な学習及び外国語能力の育成が目標となる。

　第 2 学期及び第 3 学期では、現代の社会、科学技術、人間を理解するには多様な視点からの検討が必要であることを理解させ、多様な学問に触れさせることが重要となる。伝統的な教養教育としての人文・社会・自然科学の分野の教育と現代社会に必要な情報、データ、環境、生命科学などの分野の教育とが必要となる。

　第 4 学期及び第 5 学期は、大学での学びを踏まえた職業生活への移行を理解させ、自身の職業生活を意識させ、それに必要な専攻科目へと集中させる時期である。インターン、エクスターン、海外での学習（短期の全員参加プログラムや交換留学など）等はこの時期におこなうのが、新卒学生の採用時期との関係を考慮すると、もっとも効果的である。

　6学期以降は学生が専攻科目に集中する時期である。人文・社会科学系ではゼミナールによる教育、自然科学系では研究室への配置が始まり、ゼミナール・研究室での学習が大学生活の中心となる。学生はゼミナール・研究室における学習・基礎的な研究を支援する科目、専攻分野における学習を発展させる科目に集中する。最後の第8学期では、卒業研究が中心となる。カリキュラムを作り上げる際には、このように学期毎の学習・教育の達成・獲得目標を明確にし、専攻する学問分野、学部毎に、詳細な体系化を進めることが必要となる。

表26　8学期制のカリキュラムモデル

		1学期	2・3学期	4・5学期	6・7学期	8学期
目　標		大学への導入教育	幅広い分野の学習	職業生活への移行を考える	専攻分野への集中	学習のまとめ時期
科目例		導入教育	人文・社会・自然科学分野（伝統的教養）	専攻分野の基本科目	ゼミナール、研究室中心の学習	卒業研究
		導入演習科目	現代的教養としての情報、データ、生命、環境	インターンエクスターン	専攻分野の堀り下げ	
		外国語集中		海外学習		

　クォーター制度の場合には、年間を切れ目のない4学期に区分し、大学は4つのクォーターを提供するが、学生は1年間に3クォーター履修すれば良いという方式が一般的である。この場合には、教員の授業負担も3クォーターとし、毎年必ず1クォーターは研究に専念できるという制度を採用することになる。しかし、この場合には、16の学期毎にカリキュラム目的を設定することは困難であり、結果として、6月から8月にかけての夏学期は実質的には夏休みとなり、夏学期はそれまでに履修できなかった科目の再履修あるいは特別なプログラムの提供時期となってしまう。実質的には長い夏休みが保障される3学期制という性質を持つ。学期毎の学習目標という観点から

すると、セメスター制がもっとも実際的ということができる。

(2)　研究室とゼミナール教育

● 理工系における研究室 ●

　日本の大学制度の特徴は、理工系・自然科学系における研究室単位の教育・研究、および人文・社会科学系におけるゼミ単位の教育という教育方法である。

　理工系教育においては実験室・研究室が不可欠であり、いずれの国の大学においてもそのような研究室が研究の中心である。19世紀後半のアメリカ高等教育はドイツからの影響により大きく変化するが、その核心の一つが研究室・実験室の整備であった。実験室での実証的な実験・研究活動がその後の理工系の科学技術研究の規準になっていく。そこでは、研究テーマがあり、リーダのもとに、多くの研究者が集まり、研究活動をし、研究成果を発表していく。しかし、それは、研究テーマを追求するという特定目的のために結合した集団であって、恒常的な組織になっているわけではない。

　これに対して、日本の大学生活においては研究室という制度が研究においてのみならず、教育においても重要な位置を占めている。典型的な研究室の仕組みは、大学の3年次後半あるいは4年次から特定の研究室に所属し、教授、准教授の指導の下、助教・助手、大学院生と一体になって集団的な教育・研究トレーニングを受ける。これは歴史的には講座制の下での研究と教育とを一体化したシステムであり、小規模な集団による密接な教育方法である。教育方法の集団主義的傾向には、研究者・学生の個人的な創意工夫を阻害する、徒弟制度的であるなどの問題点が顕在化することもある。しかし、このような集団主義的な教育研究方法は学生にとってのみならず、研究指導を担当する大学院生にとっても効果的な教育方法であり、これが日本の大学の理工系教育研究の特徴である。研究中心大学では、学部・大学院修士課程合計6年間の一貫教育が標準になっており、学生は大学にというよりも、研究室に所属するという共同体意識を抱くようになる。

人文・社会科学系におけるゼミナール制度

人文・社会科学系においてはゼミナールという制度が日本の特徴である。ゼミナールは元々はドイツの制度であり、図書館と教室とが一体化され、資料を読了した学生による報告をもとにした討論中心の教育活動であり、ドイツの高等教育をモデルとしたアメリカにおいても、日本においても、共通に用いられる指導方法である。ある科目を徹底して学ぶためのシステムとしての少人数のクラス、ゼミナールはどこの国でも存在しており、日本に特殊な制度というわけではない。しかし、日本の大学におけるゼミナールという制度は、理工系における研究室と同様、教員・大学院生と学部学生とが一体となって協働して学ぶというシステムになっている。人文・社会科学系においても、学部学生はゼミナールにおける発表の前に大学院生による指導を受け、準備をし、授業において報告をするのが通常である。

研究室・ゼミナール制度による人格形成

ゼミナール・研究室は教育研究の制度であるのみならず、それを単位として夏休み等に研究報告合宿を行うのが慣例であり、大学生活の基本的な単位・組織となっている。これには、集団的な教育研究による人格形成という側面が含まれている。社会生活においては、忍耐力、集中力、他人との協調性などの非認知的能力が重要であり、研究室・ゼミナール制度はそのような非認知的能力を鍛える場としても有効である。大学という学びの場から職業生活への移行を支える制度ということができる。人文・社会科学系におけるゼミナールは教室での講義とは異なり、報告のために多くの資料を読破し、事前に報告レポートを作成することが必須となっており、学部学生の本格的な勉学学習はここで行われている。学生の大学への帰属意識は大学という抽象的な組織に対してではなく、ゼミナール・研究室（人文・社会科学系でもこのように呼ばれることが多い）という具体的な人間関係・集団に対して向けられている。

(3)　双方向型授業形態への変化

　これまで日本の大学教育に対しては、大教室における一方的な講義形式による授業が中心であるという批判が向けられてきた。しかし、現在ではそのような授業形式は過去のものであり、大教室による教育から少人数教育へと変化している。しかも、受け身の受講態度から、事前に配付された文献・資料を読んできたこと、理解してきたことを前提としての討論中心型、双方向型授業形態に変わっている。最近では、反転学習（授業に参加するには事前に資料を読んでくることが義務となり、授業では討論型、対話型、課題型の授業をする）が主流であり、課題解決的教育システムへの転換も進んでいる。

　教室における教育が、シラバスに基づく授業計画の実施、学生の予習・復習の徹底化によって改善されつつあり、これがゼミナール・研究室制度と結びつき、教育方法の改革が進んでいる。さらに、教室内の机上教育からインターンシップ等の方法による実際の社会の現場を理解した教育へと変わること、知識習得のみならずリーダーシップの育成など社会で必要な技能・非認知的技能の習得などを含めた教育にすること、MOOCS（大規模公開オンラインコース）等の新しい教育手法を導入すること、Online と On Campus とを組み合わせた授業形式を開発すること等の課題に取り組んでおり、大教室における一方的授業という批判は大学教育の現状を十分に認識していない者による時代遅れの批判である。

(4)　教育内容の透明化

　多くの大学はカリキュラム、科目内容を公開している。これまでは日本国内でのみ比較対照されていたが、日本語の壁が取り外され、英語による公開がおこなわれる場合、とりわけ英語による教育がされている場合には、教育目的、内容、方法等が、全地球的な規模で比較対照される。情報公開による大学教育内容の透明化、諸外国の同種の科目との比較の結果、優れた内容のものが参照され、カリキュラムや科目内容の標準化が進展しつつある。

　さらに、MOOCS による科目の提供がすすむと、世界の中で最も優れたと

される科目内容が公開され、履修が可能になる。これが大規模かつ徹底的に進むとすれば、個別大学による科目提供が不要になる可能性もある。

　MOOCS あるいはオンラインにより提供される科目の履修を前提とした教育方法（反転学習）がすすめば、大教室における一方的授業の必要性はなくなり、大量の TA を利用しての個別学習が進むことになる。日本の大学受験予備校の教育システムと同じような形態になっていくであろう。受験予備校はごく少数の著名で優秀な講師による周到に準備された授業をオンラインで各校舎に提供し、大量のアルバイト学生がグループ分けされた受講生の質問を受けつけ、個別指導を行なっている。受講生は何時でも何回でも復習し、理解を深めることができる。これが大学でも基本的な教育方法となっていくであろう。その結果、教育のために必要な教員は少数になり、教員の多くは研究に専念することとなる。大学における教育と研究の機能分化がこのように進行していけば、大学教員の役割や大学における研究者、教育指導者、職員などの人的構成が大きく変わるであろう。

❷　リベラルアーツ教育

⑴　リベラルアーツとは

● リベラルアーツ教育の復活 ●

　日本の大学では、特定の学問の学習を中心とした専門課程の学習が伝統とされ、1990年代からは教養課程の撤廃、縮小が進んだ。これに対して、近時は教養教育の重視がリベラルアーツ教育という名称によって復活しつつある。日本のみならず、アジアでもリベラルアーツ教育に対する関心が高まっている。北京大学の元培プログラム、シンガポール国立大学とイェール大学との共同プログラムがその典型であり、日本とベトナム両政府の支援による日越大学でもリベラルアーツ教育の理念が強調されている。筆者は、グローバル化した日本では大学はリベラルアーツ教育を重視すべきと考えるので、モデルと考えられているアメリカにおけるリベラルアーツ教育について触れ

た後、日本におけるリベラルアーツ教育の可能性について検討しよう。

アメリカの大学システム

　アメリカの大学システムは、今日では、世界標準になっていると評価されている。その中心はリベラルアーツカレッジとしての学部と修士号・博士号の学位取得システムとして構造化された大学院とを結びつける現代的な大学概念であるとされている。ただし、これには若干の留保が必要である。アメリカでも、学士課程では、専攻科目（Concentration）と呼ばれる科目に集中する。専攻科目を一種の専門教育として教育する場合（州立総合大学の事例）と、専門職になるための教育とは異なるリベラルアーツ教育の一環であるとする場合（研究大学の学士課程・リベラルアーツ大学）とに区別できる。学生数という点では、地域の産業に役立つ人材育成を目的とする州立総合大学に在籍し、専攻科目を専門教育として学ぶ学生がはるかに多い。また、大学院に関しては、メディカルスクール・ロースクール・ビジネススクール等の専門職育成大学院と研究大学院における教育とが並列的に存在している。研究大学院も狭い意味での研究者の育成ではなく、高度の科学技術能力・専門知識を身につけた者が幅広い分野で活躍できるような教育システムを作り上げている点に特徴がある。

教養教育・一般教育とのちがい

　リベラルアーツは教養教育、一般教育とは違う概念である。そのちがいを説明しておこう。教養教育は19世紀ドイツにおける教養教育に由来する。ナポレオン戦争に敗れたドイツでは1809年にベルリン大学が誕生し、フンボルトが初代総長に就任する。フンボルトの大学理念には、18世紀の啓蒙思想と新しい国家建設に向かわせようとするナショナリズムとが深く結びついている。教養教育は、国民の人格を陶冶し、涵養するために、人類の知的遺産の物的な結晶としての古典を読み、考え、対話することを意味する。19世紀ドイツ・ベルリン大学をモデルとする近代の大学は、学問的な研究対象としての文化・自然と教育の目的としての教養の獲得・人格の陶冶とが統合されな

ければならないとした。また、国民国家の発展と人格的理性の発達の双方の要素を内包した。なお、日本では、哲学・文学・歴史等の人文学の読書を中心として人格の完成を目指す態度を教養主義ということがある。旧制高等学校ではこの意味での教養主義が定着していた。

　また、戦後の大学改革の中では、専門教育と対比する意味で一般教育（General Education）という言葉も用いられた。アメリカでは、一般教育とは、エリート教育という意味を暗黙裏に含んでいるリベラルアーツと対比される意味で用いられる。一般教育は、啓発された市民になるための広い教養と後の人生を豊にする永続的な知的関心を呼び起こすために設計された科目群をいう。エリートではなく、良き市民、あるいは公民となるために不可欠な教育を意味する。日本では、戦後の教育の民主的改革のなかで、アメリカにならって、一般教育という言葉が用いられ、戦前の大学における専門教育重視と対比して用いられた。

● リベラルアーツの歴史 ●

　リベラルアーツ（自由学芸科目）という概念は、中世ヨーロッパの大学における文法、修辞、論理、算術（代数）、幾何、天文（現代でいえば地理学）、音楽という３学４科（言語系統の３学と数学系統の４科）に由来する。自由人（社会の支配層であるエリート）に必要なアーツ・学芸であるというのが元来の意味である。この「自由学芸科目」は、中世大学の発展とともに、「学芸学部」から「哲学部」へ展開し、学生はこれらを学んだ。もっとも、中世の大学の主たる目的は聖職者、医者、法律家という専門職に従事する者の育成であった。

　近代になって、自由学芸科目の中に、人文、社会、自然の諸科学が加えられるようになり、とくに、アメリカにおいては、理系的なものと文系的なもの、さらには音楽・美学などの芸術系学問を含む大学のカリキュラムを示すようになる。そこでは、Liberal Arts and Sciences と表示されるのが一般的である。アメリカのリベラルアーツ教育は知識の習得というよりは、学問研究の方法を身につけること、あるいは物の見方を訓練することに重点を置

く。この意味では、知識（Knowledge）と対比される意味での知恵（Wisdom）、叡智（Prudence）を獲得することが目標とされる。これに対してはエリート教育であるという批判がされ、戦後のアメリカでは、教養ある市民を育成するという観点から一般教育という言葉が用いられることになった。

(2)　アメリカの大学制度とリベラルアーツ教育

アメリカの学士教育課程カリキュラム

　アメリカの学士教育課程におけるカリキュラムの基本的仕組みは、一般教育（General Education）、重点分野・専攻（Concentration）、選択科目（Electives）という3つの構成からなる。

　一般教育科目（General Education）は学習の30％を占め、啓発された市民になるための広い教養と後の人生を豊にする永続的な知的関心を呼び起こすために設計されたものであるとされる。啓発された（enlighten）という意味は、エリートのためであった大学教育・リベラルアーツ教育が広く市民層に開放され、戦後アメリカにおける民主主義を支える市民になるための教養として位置づけられ、学習されるという意味である。

　授業科目の50％を占めるのが、重点分野・専攻（Concentration）である。学生が知識を十分に学び、それをある程度深く活用できるようにするためのものであり、専攻と訳されることもある。学生は科目を集中して履修するので、メジャーと呼ばれることもある、複数のメジャーを持つ場合もある。Concentrationの性格、教える内容、目的は大学により異なる。リベラルアーツ大学や研究中心大学におけるリベラルアーツを中心とする学部を別とすれば、日本の大学の学士課程と同じような科目を提供している。そこで学ぶ学生は大学院への進学を前提としていないので、科目内容は一定の専門性を備えている。研究中心大学、リベラルアーツ大学では、大学院で専門教育を受けることを想定するので、学士課程における教育は専門教育ではないリベラルアーツとしての教育という性格付けがなされる。

　選択科目（Electives）は25％程度であり、学生の多様な要望を満たす幅広い科目から成っている。

リベラルアーツを重視する大学

リベラルアーツ教育は、リベラルアーツ大学・カレッジ（Liberal Arts Colleges）及び全国的な研究大学（Research Universities）における学士課程で重視されている。リベラルアーツ教育は、知識の習得よりも、学問研究の方法を身につけること、あるいは物の見方を養うことに重点を置く。知識（Knowledge）と対比される意味での知恵（Wisdom）、叡智（Prudence）を獲得することが強調される。

リベラルアーツ大学はアメリカに独特の学士教育に特化した4年制大学であり、全学1000名〜2000名程度の学生に対してきめ細かな教育を施す。ほとんどは私立であり、授業料は非常に高く、全寮制の大学であり、特定の職業との結びつきを意識しないリベラルアーツ教育を目的とする。卒業生の大多数、80％以上は、卒業後5年以内に大学院に進学する。しかし、リベラルアーツカレッジで学ぶ学生は大学生全体の5％程度である。

全国的な研究大学、とりわけ世界的な競争力を有する研究レベルの高い私立大学では、学士課程は小規模で、1学年の学生数は2000名程度である。学士課程はリベラルアーツ教育を中心としており、Harvard College, Columbia College 等と呼ばれる。専門課程の大学院と対比され、4年間の学士課程はリベラルアーツとして科目を履修する。この種の研究中心大学で学ぶ学生は大学生全体の10％程度である。

アメリカの州立総合大学

学士課程カリキュラムがリベラルアーツを目的とするのは、アメリカでも例外であり、多くの学生は Comprehensive University と呼ばれる州立総合大学で学んでいる。州立大学は州の人々のための高等教育機関であり、その州の産業に役立つ農学部、工学部、教員養成大学から発展した。州立大学は、地域の産業発展に役立つ人材、州における民主主義政治を支える教養ある市民の育成を目的としており、学士課程においても、経済、ビジネス、機械工学等の専門教育をすることが多い。州立大学で学ぶ学生はおよそ1500万人、私立大学で学ぶ学生は550万人である。これ以外に、実用的な知識と技

能を身につける2年制のコミュニティーカレッジで学ぶ学生がいる。

　アメリカの州立大学システムとしてもっとも体系的に整理されているのはすでに述べたようにカリフォルニア州の大学システムであり、University of California（カリフォルニア大学）、California State University（カリフォルニア州立大学）、Community College（コミュニティカレッジ）という3段階の教育制度から成り立っている。University of California は、Berkley, UCLA など博士課程を持つ研究中心大学で、州全体で10大学あり、州内の高等学校卒業者の上位1割程度を対象とする。California State University は大学院修士課程まで有する教育型の大学であり、州全体に23あり、高等学校卒業者の上位3分の1までの学生を対象とする。Community College は2年制の実務的な教育を施す大学であり、高等学校卒業者であれば、誰でも入学資格がある。2年間の教育を終えてから4年制大学の3年に編入する事例もきわめて多い。

　州によっては旗艦（Flagship University）として研究型の大学を設置することも多い。たとえば、University of California における Berkley、ミシガン州における University of Michigan がそうである。しかし、州立大学の多くの大学は教育型の大学であり、たとえば、ミシガン州では、University of Michigan の他に Michigan State Uiversity, Central Michigan University, Western Michigan University 等13の州立大学があり、これらの大学が州民の高等教育のニーズを満たす。これらの総合的な州立大学は、日本の学士課程教育と同様、専門分野に分かれた教育プログラムを提供しており、学生数では教育型の州立大学で学ぶ学生が最も多い。

アメリカ大学教育の多様性

　アメリカでは大学・大学教育の多様性が重視されている。アメリカには4000近くの大学があるが、伝統的なカーネギー分類では、(a) 博士課程を有する研究中心大学（260大学）、(b) 修士課程までを有する大学（600大学）、(c) 学士課程のみの大学（600大学）、(d) 2年制の大学（1700大学）、(e) 特定の分野での学位を出す単科大学（800大学）という区別を用いている。

さらに、学生・父母が大学選択に用いる America's Best Colleges（US News and World）は、(a) 博士号を出す全国型大学（National Universities Doctoral）、(b) 学士号を出すリベラルアーツ大学（Liberal Arts Colleges）、(c) 修士号を出す大学（Universities Master's）、(d) 学士号を出す総合大学（Comprehensive Colleges-Bachelor's）に分類しており、このうち、(a)(b) は全国のランキングを、(c)(d) は東部、西部、中西部、南部など地域別のランキングを示している。(a)(b) は、全国から学生が集まる全国型大学、(c)(d) はその地域の学生が進学する地域型大学ということができる。さらに、高等教育関係者は研究大学と教育中心大学との区別を重視しており、研究大学とは博士課程の大学院を持ち、研究面での高い評価を有する大学であり、America's Best Colleges の分類では (a) に該当し、(b) ～ (d) は教育中心大学である。

このようなことから、アメリカの大学という一般的・抽象的な議論には限界があり、上に述べた多様性を前提とした類型的な議論が必要である。

⑶　具体例としてのハーバードカレッジ

● リベラルアーツ教育の実際

リベラルアーツ教育の意義・目的・特徴について、柳田幸男「日米比較教養教育論」にもとづいて紹介しておこう（柳田幸男「日米比較教養教育論」法の支配167号・2012年11月・5-22ページ（日本法律家協会））。同論文によれば、ハーバードの2007年報告書はリベラルアーツ教育の意義について、次のように記述しているとまとめている。

①リベラルアーツ教育は自分が生きる人間世界及び自然世界についての認識を高めさせる。②リベラルアーツ教育は自分の信念や選択についてより思慮深くし、自分の判断の前提やモチベーションに対して、注意深くかつ批判的に検討し、課題の解決にあたり創造力を一段と発揮し、自分を取り巻く世界についての感受性を高め、人生において生じる個人的、職業的、社会的な問題について、よりよく知ることができるようにする。③リベラルアーツ教育は、卒業後の人生の準備である。すなわち、リベラルアーツ教育で学んだ

ことやその過程で得た手法や習慣は、卒業後の人生を形作る。④リベラルアーツ教育は、職業的な活動分野の範囲を超えて批判的に思慮深く考え活動する能力を養成する。⑤リベラルアーツ教育によって身につく、歴史的、理論的、相関的な考え方は、学生の以後の人生を有意義なものとする自己啓発の源泉となる。

● 自由な探求の精神 ●

　ハーバードカレッジの学長を務めた Henry Rosovsky は、リベラルアーツ教育とは、「自由な探求の精神」に基づく教育により、物事や事態の本質を見抜く力、すなわち洞察力の基礎となる素養を養成することにあるとし、その素養として以下の6つをあげている。

　①謙虚さ（偉大な思想を学んだ者は、これらの思想を背景として持つことにより、自分自身や自分の仕事を過大評価しない姿勢を保つことができる）、②人間性への理解（人間の本質に対するより深い理解を得ることができる）、③柔軟性（急速に進歩する現代社会においては、人生のあらゆる段階で全く新しいアイディアや技術を身につけることが必要であり、そのためには柔軟性が必要である。新しいアイディアや技術はリベラルアーツ教育を通じて身につけさせることができる）、④批判精神（リベラルアーツ教育において様々な事象に対して多様なアプローチがあることを学ぶことによって、様々な事象について自らが得た知識や理解に対して批判的に再考する能力が養われる）、⑤広い視野（幅広い分野にわたり詳細な知識を持つことができなくても、幅広い分野を学ぶことによって、自らの経験をより広い視野におくことができる）、⑥倫理的・道徳的問題への理解（倫理・道徳問題についての古典を学ぶとともに自ら思考した経験を有することにより、これらの問題についての判断力を活用することができる）。

● 専攻科目の特徴 ●

　ハーバードのカリキュラムにおける専攻科目群 Concentration は45の分野がある。学生は、通常、主たる専攻分野と副たる専攻分野を選択し、それを中心にして科目を選択する。そこでは、リベラルアーツの学位でありプロ

フェッショナルな学位ではないことが強調される。例えば、経済学の場合、それはプロのエコノミストや経営者の育成を目的とするものではなく、将来いかなる職業に就くにせよ、学生がよりよい分析者、意思決定者、観察者、そして市民になるように設計されているという性格付けがされている。

ハーバード大学の評議員であり、著名な渉外国際法務弁護士である柳田弁護士によるこの分析は日本の大学教育との対比によって、ハーバードカレッジのカリキュラムの特徴を明晰に論じており、極めて優れた考察である。柳田弁護士によるリベラルアーツ教育の重要性の強調は法科大学院設置の必要性と強く結びついている。

なお、ハーバードでは一般教育については教授団による継続的な討議がなされており、現在では2016年の最終報告書（final report）に基づいた改革が実行されている。そこでは、リベラルアーツ教育と専門教育との緊張関係が争点になっている。

⑷　日本の大学におけるリベラルアーツ系学部の誕生

日本の大学にはリベラルアーツ学部がほとんどなかった。アメリカ的なリベラルアーツ教育を行う国際基督教大学（ICU）が唯一の例外であった。東京大学教養学部は旧制高校の伝統を受け継ぎ、大学の前期課程である一般教育課程を、教養学部として独立させたものであり、現在は大学院総合文化研究科の学士課程という位置づけであって、リベラルアーツ教育を主眼とするものではない。津田塾大学等リベラルアーツ教育を主体とする女子大学はいくつかあったが、2004年に早稲田大学国際教養学部（当初の定員600名）と秋田県立国際教養大学（当初の定員100名）が誕生して以来、リベラルアーツを学部の特徴に掲げる学部が多数生まれた。2017年現在、リベラルアーツ学部は４大学、国際リベラルアーツ学部は１大学、国際教養学部は17大学に設置されている。リベラルアーツのみを目的とする学部よりも、リベラルアーツ教育と国際性（教育の国際化・グローバル化）とを組み込んだ国際教養学部が多いことに特徴がある。さらに2019年には名古屋市立外国語大学に「世界教養学部」も発足した。

(5)　リベラルアーツ教育の適用可能性

　リベラルアーツ系学部はこれまでの学部教育に全面的に代わるという性質のものではない。日本の大学制度においては、学士課程において専門教育をすることが伝統になっている。理学、工学、医学などの自然科学系においても、法学、経済学、文学等の人文・社会科学系においても、専門教育をする学部の存在意義がなくなるわけではない。著者の主張は専門教育を目的とする学部を否定するものではなく、リベラルアーツという観点からの専門教育が現代社会では重要になっているという意味である。

　筆者の主張は、リベラルアーツ系学部が誕生してくる背景には共通の合理的な理由があること。既存の専門学部において、これまで一般教育科目として二次的に取り扱われてきた科目については、リベラルアーツ科目という観点から、再生できること。専門科目の強化は大学院とより強い連携をもっておこなうべきであり、学士課程においては、専門科目についてもリベラルアーツという観点が重要であること。人文・社会科学系学部においてもSTEAM（科学・技術・工学・芸術・数学）を重視すべきこと。既存学部の再編・新学部の開設に際しては、大学の多様性の尊重、独自性の強化という視点から、新たにリベラルアーツ系学部を設立することは、有力な選択肢である。ということである。

　リベラルアーツ系学部を設立する際には、これまでも大学教育で提供されてきた学問・科目をリベラルアーツ科目として再構成し、位置づけることになる。この場合、学部全体について、それぞれの科目毎に、リベラルアーツ科目として教育する意義、目的、具体的な内容、授業の方法等について、専門科目として教育する場合とどう違うのか等の具体的な議論が設立時においてなされることが重要である。

❸ リベラルアーツとしての法学教育

(1) アメリカ学士課程における法学教育

● 法学教育の4つのモデル

　それでは、これまで大学・学士課程で専門教育科目とされてきた科目をどのようにしてリベラルアーツ科目として再構成するのか。筆者の専門分野は法律学であるので、アメリカとの比較及び著者の早稲田大学での経験をもとにして、リベラルアーツ科目として法律学を教育する際の論点について検討しよう。

　法制度は社会を構成する基本的な枠組であり、その内容はその社会の歴史、文化等に規定されている。法学部における法学教育の中心は実定法の知識を習得することにあり、法科大学院における法学教育は法廷における弁論を念頭においた専門家としての法曹になることを目指す者に対する教育である。リベラルアーツとしての法学教育は、基本的な法知識の習得とともに、法を歴史、文化、社会などの広い視野から学習することを内容とするものである。アメリカの状況と対比することによって、リベラルアーツとしての法学教育の意義を考察することにしよう。

　アメリカでは、専門職としての職業訓練を受ける場としてのロースクール制度が確立しているが、学士課程でも法律学の教育がされている。この点から、考察を始めよう。アメリカ学士課程での法律学の教育には、「プレローモデル」、「リベラルアーツモデル」、「学際モデル」、「職業教育モデル」という4つのタイプ・モデルがある。

● プレローモデル

　ロースクールへの進学を目指す学生に対して法律学の科目を事前に教育するのがプレローモデルである。憲法、刑事法、国際法、人権法、法哲学、行政法等の科目が設置され、各法の内容を教えることが中心である。教員が

JD の資格を有しているか、コースの完成度合の程度はどのぐらいか等は大学により異なる。主要な科目は憲法であり、政治学の研究者が担当することが多く、政治学の理論を法にあてはめ、応用するという方法をとっている。これに対して、ロースクール側は、ロースクール入学前に法律学の科目を学ぶ必要はないし、ロースクールの専門法学教師でない者による教育は有害無益という

リベラルアーツモデル

　リベラルアーツ大学において、法律家養成と関係なく、法律学を独自の価値を有するリベラルアーツ科目として教育するものである。当該大学及び在学学生がリベラルアーツ教育を重視しており、大学に独自の重点分野・学科的な組織を設置する財政的余裕がある場合に可能である。

　リベラルアーツモデルについて、アメリカのリベラルアーツ大学で入学難易度の最も高いアマーストカレッジ（Amherst College）のサラ教授（Austin Sarat）は、次のように主張する。「アメリカでは法学教育はロースクールのみで行われ、そこでは道具としての法という視点からの教育がなされている。アメリカでも、ヨーロッパにみられるように、法の社会における役割、倫理的・修辞的次元での法学という観点からの研究が必要であり、それはリベラルアーツ大学で教育すべき」である。「ロースクールにおける専門的な法のルールの教育とは異なり、リベラルアーツとしての法学教育は、リベラルアーツ教育の目的である文化、歴史、科学、社会組織について一般的な知識を獲得し、また、規範的なコミット、善良なることの意義、人間と自然の使命に適合するために、等の点に関する様々な見解について真剣に疑問を呈していくことに基礎をおかねばならない。リベラルアーツが要求する道徳・倫理的なものへの取り組み、絶え間のない好奇心、同情的な想像力から導かれなければならない」。

　このような議論を前提として、判例を素材として、例えば、殺人犯人の弁護士が、被告人から実は自分は他のところで殺人事件を起こしたとの告白を受けた。そして、その事件で犯人とされた者は、今日、死刑を執行されると

ころである。弁護士はどうすべきかという議論をしたりする。法を、死刑宣告をされている囚人、生活保護の打ち止めを宣告された生活保護を受けている幼い子どもを抱えている母親、路上で生活しているホームレスの者の視点等、多様な者の経験から法を構築することの重要性を論じている。

　このモデルは、法と倫理、法と言語、法と社会、法と素人などの法と他の学問分野との関係において、法を理解する傾向があり、哲学あるいは文学との関連が強いことに特徴がある。論者によれば、哲学、倫理学、文学、歴史学等の人文学は大学の本質的なものであり、歴史的に考えれば大学の本質は人文学にあり、法律学の場合も科学的な分析が必要であり、それに基づくことが必要であるが、正義などの概念を無視することはできないという。

学際モデル

　法律が社会の中で重要な意味を占めていることを前提として、法学以外の各学問分野において法をどのように把握、理解しているかが科目の目的である。政治学、哲学、文学、心理学、社会学等の教員が自己の専門とする学問領域の方法論を法学への応用としてカリキュラムを形成する。既存の教員が法学関係の科目を教えるが、教員は自分の所属する学問に忠実であり、法律学を教育しているという自覚はない。法の政治学的分析、社会的分析、経済的分析という科目名であったり、法と経済、法と社会、法と哲学という科目名であることもあり、and, approach, analysis という表題がつくことが多い。法をロースクールとは異なる視点から分析することが目的である。大学にとっては、法律学の学科を創る必要はなく、教員を雇用する必要はなく、財政的な負担なく学生に人気のある科目群を提供できるので、多くの大学がこのモデルをとる。

職業教育モデル

　2年制のジュニアカレッジやコミュニティカレッジにおいて、刑事司法プログラム criminal justice program として設置され、刑務所職員や警察官になることを希望する者が履修する「職業教育モデル」もある。

表27　アメリカ学士課程の法学教育モデル

1	プレローモデル 　ロースクール進学希望者への法学科目の教育
2	リベラルアーツモデル 　リベラルアーツ科目として法学科目を教育
3	学際モデル 　法律学以外の学問では法をどう取扱っているか
4	職業教育モデル 　刑事行政・司法担当職の養成

学士課程法学教育に対するロースクールの態度

　ロースクールは学士課程で法学教育がされることを想定していないのみならず、学士課程での法学教育に対して好ましくないという態度や敵対的な態度をとることが多い。法学教育は専門家養成の職業学校であるロースクールでおこなわれるべきであり、学士課程は専門職業とは関係のない自由な教養教育を学ぶ場であると強調する。実際にも、ロースクールに進学してくる学生は学士課程において職業訓練等とは無関係のリベラルアーツ教育を学んできたことが多く、全国型のロースクールには一般的な州立大学からの進学者はほとんどいない。

　教える教員に関しても、正規の法学教育を受けたものではない者には法律学を教えることはできない、法学教育は正規の訓練をおこなうことができるロースクールの法律家によってなされるものであり、ロースクールで教えている理論家教員のみが正規の法学教師であるという立場を採る。そして、学士課程における法学教育に対して、ロースクールは関心を持たない。ロースクールは学士課程での学習とは無関係に法律家としてのトレーニングをするのが目的であると主張する。ロースクールの教員は学士課程における法学教育を好まず、文学、歴史、哲学などを学ぶことを好む。もっともロースクールの志願者の半分ほどは政治学と法学を学んだ学生であるが。

　ロースクール教員には様々な分野の博士号を持っている者も多い。大学院で専攻した分野での研究者になることを志望した者が、途中で進路を変更してロースクールに入学する例は多い。リベラルアーツとしての法律学に潜在的な学問的な関心があっても、ロースクールとリベラルアーツ大学とでは教員の給与水準、教育負担、社会的評価が違うので、リベラルアーツ大学で教えようとする法学教員はいない。

(2)　リベラルアーツとしての法律学

● リベラルアーツとしての法律学教育 ●

　日本において、法律学をリベラルアーツ科目として教育するのであれば、どのような点に留意すべきか。筆者が早稲田大学国際教養学部で、行ってきた授業を例にして、考えよう。

　法律学がリベラルアーツ科目としてふさわしい理由としては、一般に、法律学は叡智に関する学問だからと説明される。リベラルアーツ教育は知識（Knowledge）ではなく、知恵（Wisdom）、叡智（Prudence）をまなぶことを重視しているので、叡智（Prudence）に関する学問として法律学（Jurisprudence）を位置づけることになる。

　法は資本主義・市場経済の基本的な構造を作るとともに、人間の生活に関する基本的な仕組み、市民社会の基礎を作る。それ故、法律学は市民社会と市場経済の基盤となる学問であると性格付けられる。しかも、法の内容はその国・地域の歴史・文化によって形成されてきたし、法の中には正義・公平という倫理的・価値的な概念が含まれている。それ故、解釈学とは別個の観点からの法律学の教育・研究が可能であると説明される。

　たとえば、「大学入学において社会的な不利益を負ってきた者に対するアフーマティブアクションをどう考えるか」、「ヘイトスピーチでも表現の自由があるのではないか、スピーチをおこなう者の現実的・具体的・物理行為と被害を受ける者の保護とを関連させて判断すべきではないか」など、法律学上の問題はその前提に倫理的、政治的、社会的な価値に関する問題を含んでいる。したがって、そのような問題について考えることがリベラルアーツと

して法律学を教育する目的に含まれる。マイケル・サンデルのテキスト「正義論：Justice-What the right things to do-」のいくつかの事例、例えば、災害に遭った地域で不足する物資を高額で販売すること、兄弟が凶悪犯罪の犯人・ギャングの親分であることを知っている家族のとるべき態度等は、法律学の倫理的側面に関するものである。

● 具体例としての教科書検定 ●

　リベラルアーツとしての法律学を担当する場合、どのようなテーマについて、どのように授業するかが問題となる。筆者が国際教養学部で、英語によって行ってきたLaw and Society in Japan（日本の法と社会）という授業を紹介しよう。この授業は日本社会の問題を法という窓を通じて分析し、考察することを目的とした。それ故、幅広い社会問題を対象として法律学の観点から考察した。授業で触れた論点は多岐な分野にわたっていた。参考のために、具体的な例を挙げておこう。基本的人権、国民主権、民主主義、市場経済の基礎としての契約と所有権制度、家族関係の基盤としての婚姻・親子関係、犯罪と刑罰・犯罪者の処遇・刑事司法制度、企業制度の歴史と現状、労働者の地位と権利などの、憲法、民法、刑事法、企業法、労働法に関する問題を広い視点で考えた。アメリカの学士課程法学教育における学際的モデルとは逆に、法律学の観点から社会問題を分析するという性格の科目である。

　全てについて詳細な説明をすることはできないので、具体的な例として、教科書検定制度の授業内容と方法を紹介しよう。最初に教員が以下の事柄について解説をする。法学部で憲法において教科書検定を論じる場合には、憲法19条の思想及び良心の自由、21条の表現の自由と検閲の禁止、23条の学問の自由という観点から議論される。しかし、国際教養学部の授業では、次のように授業をしてきた。まず日本における、戦前の国定教科書制度、戦後の検定制度の歴史、教科書検定をめぐる家永訴訟の意義を説明する。当初は日本国内における近代日本の歴史をどのように見るのかの争いであったこと、つまり、明治維新以降の社会の近代化、経済発展を連続的に考え、1930年代

の中国侵略は一時的な逸脱と考え、戦後高度成長を積極的・肯定的にとらえ、明治維新を近代化・経済成長の起点と考える見解と、明治以降の資本主義発展を日本帝国主義の展開とその敗北ととらえ、戦後民主化を現代日本社会の起点と考える見解とが基本的に対立関係にあったことから生じたことを説明する。その後、教科書検定による記述内容が国際的な問題となり、日本の軍国主義的な進出によって侵略され、植民地化された諸国の歴史解釈との対立が論点となったことを説明する。

　そして、多様な国籍の学生が参加しているので、学生からの報告、討論を中心とした授業を行う。それぞれの国において単一の公定教科書があるのかが前提問題であるので、この点について学生に報告してもらう。国の定めた教科書があり、それをすべての学校で使用するという国は極めて多い。国定・公定教科書がない場合でも、教科書の発行・その内容は全くの自由か、それとも日本と同様な教科書検定制度があるか。教科書の内容について基準があり、それに従うことが要求されるかどうか、等の検討をする。また、教科書が授業のなかでどのように用いられるか、授業における教員の自由はどの程度認められるのかも、国によって異なる。このような検討によって、日本の教科書検定制度の相対的な位置づけが可能となる。

● 歴史教育との関係 ●

　つぎに、教科書問題が生じるのは、歴史教科書についてであることの意味を考える。初等中等教育における歴史教育の目的が歴史的事実の教育であるとともに、国民意識の形成を創るために用いられていることに絡んでいるからである。例えば、韓国の歴史教科書は、建国神話からはじまる。革命によって生まれた政府・国家では、歴史教育は革命伝説から始まる。例えば、中国は1949年の革命により新中国が生まれたこと、旧中国との断絶が強調される。

　同一の歴史的な事件であっても国によってその扱い方は異なる。具体例として、各国の歴史教科書のなかで第二次世界大戦がどう取り扱われているかを参加している学生に紹介してもらい、その違いを議論させる。国際教養学

部の中級、上級科目は同学部に入学した学生に加えて、諸外国からの交換留学生が履修する。後者には、アメリカからの学生に加えて、アジア、ヨーロッパ、南アメリカ、イスラエル等からの法学部に在籍している学生も多いので、幅広くかつ深く検討できるという特徴がある。著者の授業に参加した学生には、帰国後、母国の法律家となり、国費留学生として日本の大学院で学んだ者も多い。日本法の研究者として、母国、日本で研究教育している者もいる。

　アメリカの歴史教科書は連合国の正義という観点からの記述であり、アメリカの学生からは、原爆投下の正当性について報告がされ、その残虐性との関係が議論される。ドイツの教科書はナチス政権と国民との関係が焦点となり、リトアニアなどバルト諸国の国では第二次世界大戦はソビエトによる占領と文化の抹殺の起点となったという観点から記述されていると紹介され、ロシア、社会主義体制、ソビエトとは、という議論がされる。中国の教科書は中国共産党の反日闘争の歴史として記述されているが、日本と闘ったのは国民党政府であったこととの関係が議論される。シンガポールの教科書ではイギリスの植民地であったので日本軍により占領され虐殺がされたのであって、独立が尊いことが記述されており、これを受けて、欧米列強の植民地であった地域における日本との闘いは民族の独立にとってどのような意味があったのかが議論される。これらとの比較において日本の教科書におけるアジア太平洋戦争の歴史的記述を議論することになる。

　さらに、日本における教科書問題は靖国問題と関連していることを意識させ、学生には靖国神社の遊就館を見学させ、明治維新以降の軍国主義化に関して、靖国神社には西欧列強による侵略の危険の中でやむを得ないものであり、当時の世界的時代背景では誤ってはいなかったとする歴史観がその根底にあることを理解させる。さらには日本人の宗教意識、神道の歴史などにも触れた議論に導く。その際には、信教の自由に関するいくつかの憲法訴訟にも触れる。このように法学部における法律学教育とは異なる視点から、法律学上の論点について考察することは可能であり、学生の参加を促し、双方向的な授業によって、批判的な思考方法を訓練することもできる。

教養としての法学

この点で、「教養としての法学」論との違いについて触れておこう。日本では、法律学の教育は、法学部、研究者養成を目的とする大学院法学研究科、将来実務法律家になることを想定している法科大学院のみならず、法学部以外の特定の専門分野を対象とする学部において一般教育科目として提供されてきた。そこで、一般教育科目としての法律学、あるいは教養としての法学について、その性格・内容が議論がされてきた。教養としての法律学の教育という表現は一般の教養ある市民にとって必要な法律学の知識という意味で用いられている場合もあるが、多くの場合は大学の一般教育科目のなかで提供される法律学という意味である。

一般教育科目としての法律学、教養としての法学は、通常二つのタイプに分かれている。法とはなにかという法哲学的な問を中心とする場合と、日本の実定法を概観する、まんべんなく触れるものとである。前者の典型としては、星野英一、田中成明、笹倉秀夫教授の法学入門のテキストがあり、後者の典型としては伊藤正己・加藤一郎『現代法学入門』、松本・三枝・橋本・吉永『日本法への招待』がある。これは海外における法学入門のテキストの二つのタイプとも一致している。Introduction to Law という場合は、法哲学的な叙述がなされ、Introduction to American Law, Introduction to Japanese Law という場合は、実定法の概観がされるのが通例である。

このように、リベラルアーツとしての法律学は、法学部などでの解釈学とも、法学部以外の学部での教養科目、一般教育科目としての法律学とも異なる独自の目的と内容を持つものである。

(3) リベラルアーツとしての民法学教育

民法をリベラルアーツとして教える

リベラルアーツ科目としての民法はどのように教えることができるか。筆者が国際教養学部で担当していた Civil Life and Law（市民生活と法）を紹介しよう。この科目の副題は Introduction to Japanese Civil Law であり、日本民法の入門を目的としている。リベラルアーツとして、民法の教育をする

場合の内容と方法は以下のようになる。

　ヨーロッパ大陸法を継受した日本では、民法という法典があり、それを対象とする民法学があり、民法は市民社会の一般法であると定義づけられる。民法学は個人の自由な人格と権利主体の独立性、私的な所有権制度を前提とする自由で絶対的な所有権の存在、及び自由な意思による財産権の交換過程を媒介する契約制度からなる市民社会を想定する。市民社会の一般法としての民法秩序が想定される。民法は財産法秩序と家族法秩序とからなり、財産法秩序は、物権法秩序と債権法秩序とから構成される。市民法秩序を構成する民法体系という観点から、民法教育というカリキュラムを考案することになる。これに対して、コモンロー、英米法系に属するアメリカでは、契約法、財産法、不法行為法などの概念・科目は存在しても、民法、民法学という概念、民法秩序という考え方は存在しない。ヨーロッパ大陸法的思考方法を前提とするリベラルアーツとしての民法という考え方は、アメリカでは成立しにくい。

　したがって、日本において、リベラルアーツとしての民法学を教育する場合は、日本法は大陸法的な法思考を前提としていること。民法は市民社会の一般法であり、市場経済制度の基礎であることを学生に理解させ、そこで生じる問題を考察することが、学習の中心となることを理解させる必要がある。

民法の規範内容の理解

　リベラルアーツとして民法を教育する場合であっても、ある程度の詳しさの解釈論を教えることは不可欠である。Civil Life and Law（市民生活と法）という観点からすれば、民法の財産権・取引に関する基本的なルール、家族法のルールを学ぶことは、市民的な常識を形成するという意味を持っているからである。実質的には民法全般を4単位科目として教育することとなる。民法の、体系にしたがって条文を解説するという方法もありうるが、市民生活のなかで遭遇するであろう問題について民法のルールを紹介するという授業方法を採ってきた。具体的には、以下のような論点について検討した。自

由で平等な市民としての法的人格の尊重、財産権の保障とその社会的制限、自由で平等な立場における契約の締結、契約の不履行とその救済、公正な契約内容の実現、売買契約の内容と効果、意思自治の原則に基づく自己規律と自己責任の原則及びその例外、契約の履行を担保する制度、都市における市民の居住の保障、過失責任の原則とその例外、公害・環境権訴訟の展開、家族法における個人の人格尊重と男女平等原則、生殖技術の進展と家族などである。これらのテーマを学ぶことで、民法学における基本的な概念・論点を学ぶことになる。

契約締結過程

　より具体的に説明しよう。たとえば、信義誠実の原則（Good faith and fair dealing）に関する授業では、判例法における信義誠実の原則の具体的な適用例について説明し、前提となる知識を提供する。その上で、この概念は裁判所における紛争解決のみならず、日本の契約書の末尾には必ず加えられているように、裁判外における紛争解決の規準にもなっていることに触れる。加えて、日本人の法意識・契約意識に関する論文を読み、実際の契約文書における記述を分析する。さらに、紛争当事者間において今後も継続的な取引関係を続けようとする場合と打ち切ろうとする場合とでその戦略が異なるという契約交渉論に関するアメリカの議論を紹介する。

　これに加えて、近時の UFJ 銀行の合併に関しての住友信託銀行との訴訟に関する裁判例を素材として、東京地裁、高裁、最高裁の判断内容の相違を分析させ、さらに、企業間の紛争が裁判所に持ち込まれるようになったことを理解させる。この場合には、2000年代初頭の金融機関の再編成との関連についても検討する。

　著者の経験は早稲田大学国際教養学部での事例であり、学生が多国籍であること及び授業の言語が英語であるという特徴があり、これが教育内容、方法にも反映している。学生は多国籍であるが、日本への興味があり、ある程度の知識を持っている。そこで学生の出身国にも共通する日本の問題について、それぞれの文化や社会での解決法と比較することにより、より理解を深

めることができる。ひとつの文化圏、国籍に属する学生だけの場合よりも、多様な反応があり、学生も教師も深く考えることができるのである。

隣人訴訟

　なお、最初の授業で取扱うのは隣人訴訟であり、これは、比較法文化的に考える場合には。きわめて適切な事例である。それぞれの国で同様な事件が発生した場合、どのような解決が導かれるのか。保険によりカバーされるのか、訴訟によるのか、法廷外の解決によるのか。法的な責任があるとされる場合には契約上の責任か、不法行為法上の責任か。市などは民事法上の責任を負うのか。この種の事件が新聞やテレビなどのマスコミで取り上げられることになるのか。市民はどのような反応をするのであろうか。これらについて、異なる国籍の学生の間で、活発な議論が交わされることになる。これは授業の進め方を理解させる点においても適切な事例である。

英語による日本法の授業

　著者は英語で授業を行ってきたので、予習に必要な英語の文献資料がどれほどあるかという問題もある。日本語でおこなう場合には、日本の状況についての文献は十分にあるが、外国の状況についての日本語による資料は乏しい。英語の場合はこれとは反対に、日本の状況に関する英語の文献・資料は限られている。しかも、文献の多さ、質の高さは分野・問題により異なり、内容の正確さにも疑問があり、問題の採りあげ方や論者の解釈が適切とは思われない場合もある。それ故、著者自身が英語によって資料を作成したり、既存資料を翻訳したりして学生に配布したが、すべてについてそれが可能であったわけでもない。

　以上のような試みが、どの程度まで「リベラルアーツとしての民法の教育」になるのかはさておき、法学部や法科大学院における民法教育とは異なる目的・内容を持つものとして民法教育をすることは可能である。法律学についてのこのような考察は、ほかのすべての科目についても当てはまる。たとえば、リベラルアーツ科目としての経済学という場合には、専門的な経済

学の教育ではない、学士課程のリベラルアーツ科目としての、経済学の意義、目的、内容を具体的に論じ、科目内容を確立することが必要である。リベラルアーツ学部を本格的に確立していく際には、すべての科目について、科目の目的、内容、授業方法などの検討を組織的におこなうことが必要である。

　なお、筆者は法科大学院において、海外からの留学生（主として交換協定を有するアメリカのロースクール学生）に対して英語で日本民法の授業もしてきた。そこでは、錯誤、公序良俗、代理制度、不動産登記、動産担保、債務不履行の種類と要件、損害賠償の範囲、契約解除制度、動産売買契約、不動産賃貸借、多数当事者の不当利得関係、不法行為の要件などについて、英語文献を用いて、日本法をアメリカ・ドイツ・フランス・イギリス法と対比する授業を行ってきた。

❹　国際教養とはなにか

⑴　国際教養学部の誕生と多様性

　日本社会のグローバル化が進行するなかで、最近は、「国際教養」という名称をつけた学部が増加している。2017年現在、国際リベラルアーツ学部は１大学、国際教養学部は17大学に設置されている。しかし、国際という言葉の意味は多様であり、国際関係、国際協力、文化交流、外国語教育、英語による教育、海外留学のいずれに重点を置くかは大学によって異なっている。また教養という用語もそうであり、伝統的な人文系学問に重点を置く場合、リベラルアーツ・アンド・サイエンスという言葉に忠実に自然科学系学問との統合を強調する場合、西欧と東洋との総合化を主張する場合、さらには科学技術教育をも含む現代的教養を意図する場合もある。

　しかし、共通の特徴としては、英語による教育、海外留学の必須化、現代的教養・リベラルアーツの強調がある。これらの原型は2004年に開設された早稲田大学国際教養学部（School of International Liberal Studies）、及び秋田

県立国際教養大学（Akita International University）にある。現在数多く設置されつつある多様な国際教養学部はこれら二つの学部の修正・変形として理解できるので、筆者が中心となって開設した早稲田国際教養学部の試みを紹介しておこう。

(2)　早稲田大学国際教養学部の試み

● 誕生の背景 ●

　最初に国際教養学部開設の学内的な背景に触れておく。これは多くの大学にも共通する事項であろう。第 1 は、大学教育における教養教育の重要性を再認識する動きである。1990年代に多くの大学でなされた大学改革は、専門科目を低学年におろし、学生は早い段階から専門科目の学習を始めた。その結果、大学教育における教養教育が軽視され、実用主義的な傾向が進んだ。これに対して、教員のなかから教養教育を重視すべきであるという動きが生まれ、大学教務部がこれをサポートして教養教育を考えるための懇談会を開いてきた。この動きの延長として、教養教育を中心とする学部の必要性が認識された。そして、英語によって授業をすることができる教員を移動させることにした。

　第 2 は、1964年に発足した「国際部」の発展である。国際部はアメリカ協定大学からの留学生の受け入れ機関として発足し、日本語修得講座の他、日本・アジア研究関連科目を英語で提供するプログラムをもっていた。交換協定校の増加により、ヨーロッパやアジアからの留学生も増加し、年間200名近くの学生が 1 年間学びに来ていた。聴講生として授業に参加する早大生も多くなり、国際的な学びの場としての性格を強めてきた。他方で、国際部は早大生の海外留学を支援してきた。本学学生の英語による発信能力を高める必要性、外国大学で 1 年間学ぶことにより学生は多くの刺激を受け成長すること等が理解され、国際部を発展させ、海外からの学生を多数受け入れ、同時に学生に海外留学の機会を増加させる必要性も認識されてきた。そこで、留学生別科「国際部」を母体として、国際関係を中心とする学部を設置することとし、文科省より認められていた臨時定員増解消分をこれに充てること

にした。

　第3の要因は、外国語教育の重視である。とりわけ異なる文化的背景を有する人々の共存を図るという時代の要請を満足させるには、母語以外の言語、文化、社会を理解する必要があり、英語以外のもう一つの外国語を学ぶ必要があるとされた。そこで、廃止することが決まっていた語学教育研究所の教員の配置替えをすることにした。

　設置に向けての学内での具体的な検討は1999年12月から始まり、計画は徐々に具体化し、2002年秋までに学内からの移動希望教員を募り、2002年末から2003年春にかけて教員の公募が行われた。カリキュラムの決定、教員人事の確定を経て、2003年6月に文部科学省に認可の届出をした。2003年10月以降、国内学生、国外学生を対象とするAO入学試験が始まり、2004年2月の一般入学試験を経て、2004年4月には合計592名の学生が入学した。

　国際教養学部の特徴は後述するが、この経緯からも明らかなように、「国際教養」学部は「教養」という用語に積極的な意義を見いだしており、1990年代以降の大学改革、とくに学部教育における専門重視という傾向については批判的スタンスをとっている。また、国際教養学部開設は国際部が主導していたことから明らかなように、奥島総長の唱えた「グローカルユニバーシティ」という発想をもとにしており、大学の国際化を進めるための手段であった。

大学教育のグローバル化

　経済、政治、社会のグローバル化が進む現在、学生、教員が国境の壁を越えて自由に移動し始めた。その結果、特定の優れた大学へ学生と教員とが集中する可能性が高まってきている。これまでも、大学の研究は国際的・地球的なレベルで評価され、全地球的なレベルでの競争が進んできたが、教育の面でも同様な事態が生じつつある。教育の国際化とは、大学を卒業した学生の学力の到達レベルが海外の大学との比較で判断されることを意味する。どこの国の大学卒業者であろうとも、到達すべき標準的な水準が形成されるようになる。その際、決定的に重要なことは、大学で獲得した知識の量が多い

のかではなく、問題を自分で発見し、解決する能力を備えているか、自分の思考をどれだけ論理的に説明することができる能力を備えているかどうかである。

　しかし、日本の大学教育はこの点では問題が多いことが指摘されてきた。たとえば、学生の1日あたりの平均勉強時間は諸外国と比べると圧倒的に少ない。学生には大学は勉強する場であるという認識が乏しい。教員は研究を志向し教育を軽視している。大学教育の目標も思考力を育てるよりも知識量を備えさせる傾向が強い。学生中心の学習を支援するという体制ではなく、教員中心に大学制度が成り立っている。しかも机に向かっての教育が中心であり、社会や世界の矛盾や問題を解決しようとする志を育てる教育をしていない。大学教育への国の財政的支援が国立大学に片寄っており、しかも全体の文教科学予算はOECD諸国と比べると少ない。一つ一つのデータを指摘することは省略するが、このような問題の指摘は何度となくおこなわれてきた。各大学はそれぞれの方法で解決を試みてきたと思われるが、早稲田大学は日本の大学の抱えているこれらの問題点を解決するため、新しいタイプの学部を開設し、全学に対して影響を及ぼそうという目的で国際教養学部を設置したのである。

● 国際教養学部の特徴 ●

　早稲田大学国際教養学部の特徴をより具体的に紹介しておこう。国際教養学部の特徴は以下の通りである。

　第1に現代的な教養教育を目的としている。なぜか。環境・食料・人口・戦争・平和などの地球規模の問題状況を認識し、グローバル化した社会・経済の「光」と「影」を理解し、国際社会のみならず国内社会においても多様な文化の共存する世界をつくることが必要であり、これらの問題を解決し、自由で公正な社会を実現するために努力するという志をもった学生を育成したいということである。このような目的を実現するためには、学生は幅広い分野の知識と先端的・学際的領域への関心を持つことが必要であり、大学院における専門的教育の基盤づくりとしての学士教育は現代的な教養を修得す

るところに目標を見いだすべきだからである。

　カリキュラムは伝統的な人文・社会・自然科学の基礎をカバーしつつ、現代的教養をも含むべきという視点から、① Life, Environment, Matter, and Information（生命・環境・物質・情報）、② Philosophy, Religion and History（哲学、宗教、歴史）、③ Economy and Business（経済及びビジネス）、④ Governance, Peace, Human Rights and International Relations（ガバナンス、平和、人権、国際関係）、⑤ Communication（コミュニケーション）、⑥ Expression（表現）、⑦ Culture and Community（文化、コミュニティー）という 7 つの科目群・クラスターに分類されている。

　それぞれのクラスターは第 1・第 2 セメスターに配当される入門科目、第 3・第 4 セメスターに配当される中級科目、第 5 セメスター以降の上級科目、第 6 セメスターからの上級演習というレベルを設けている。初年度はなるべく多くの科目群から選択し、徐々に特定の分野へと集中することを想定している。重要なことは、どの分野を学ぶのか、どれほどの知識を獲得するのかではなく、大学教育における学び方をかえ、論理的な思考力と発信力とを鍛えることである。少人数で学生と教員とが共通の土俵の上で問題を議論するという相互交流的な授業の仕方、事前に読むべきテキストを指定し、考えさせてきた上で、議論をする少人数のソクラテスメソッド的な授業を多くしている。それ故、教員・学生比率を他の文系学部の1.5倍とし、授業料をも1.5倍とした。

　第 2 に、授業を英語で行う。これが同学部の特徴である。これまで日本の大学では研究教育内容が日本語という壁に守られていた。学問や経済の分野で共通語となった英語によって授業するので、学生、教員が世界中から来ることができる、同時に、研究教育内容が透明になり、世界のレベルでその水準が評価される。学生は英語により自分の考えを発信できる能力を養うことができる。国内他大学との比較ではなく、海外の大学と比較して、いかに優位性を確保できるのかが眼目である。

　第 3 に、学生はもう一つの外国語を学ぶ。言語は文化、歴史、社会を理解するために必要であり、様々な文化的・宗教的背景を持つ人々がお互いを理

解し共存する社会を作るためには、異文化の理解の基礎である言語の習得が重要だからである。

　第4に、学生は1年間海外の大学で学ぶ。同じ年齢の外国の学生が何を学び、考え、どのように行動しているかを実際に体験することは学生を変えるためにはもっとも良い方法だからである。そのために、学生を受け入れてもらうための協定大学を2002年度より飛躍的に増加させた。

　第5に、入学する学生の3分の1を海外からの学生にする。日常的に外国人とともに学び、生活し、理解し、共存することが世界の若者に必要だからである。これは学士号取得を目指す学生の定員であり、学生が海外留学する第4第5学期には1年間滞在する交換留学生が入ってくるので、実際には学生のおよそ半分は海外からとなる。

　これら5つの特徴は国際教養学部の原型であり、この後、開設された諸大学の多様な国際教養学部は、それぞれの大学の固有の事情によって、これらのいずれかを強調したり、欠落させたりすることになる。たとえば、学生の英語力が不足していれば英語による授業ではなく英語教育を充実させるという方向を採用することになる、1年間の留学ではなく短期語学研修を中心とする、第2外国語の履修が学生にとって負担であれば、それを取り除く、海外からの入学学生が少なければ、日本人学生を中心とする等である。

表28　早稲田大学国際教養学部の特徴

1	現代的教養教育を目的とする
2	授業は原則として英語で行う
3	学生はもう一つの外国語を学ぶ
4	1年間海外の大学で学ぶ
5	学生の半分は海外から

(3)　国際教養という概念の問題点

　最近では、「国際教養」という用語が多く用いられているが、しかし、そ

の概念には以下のような問題がある。

学問ではなく組織

　第1に、「国際教養」学部は現在のところ、統一的な「学問」ではなく「組織」として存在しているにとどまる。たとえば、法学部の場合、法律学という学問が成立しており、法律学を学ぶ場・研究する場として法学部が存在している。しかし、国際教養学部では、国際教養学という確立した学問が存在しているわけではない。国際教養「学部」は現代の学生に必要な能力を養う「場所」である。学生からみれば学部は「学ぶための場」であり、教員・職員は学生の主体的な学びを支援するという役割を果たす。国際教養学部が「組織」、「場所」であるのみでなく、統合的な「学問分野」となることが必要である。そのためには国際教養学という独自の学問分野を構築することが必要である。様々な大学の国際教養学部の研究者が協同して学会を作ることがそのはじめの第一歩となるであろう。

国際と教養との関係

　第2に、国際教養という概念には国際と教養という二つの概念が併存している。国際、教養という用語自体が、たとえば国際という用語は国際関係、外国語教育、英語による教育との連関で用いられたり、教養という用語も伝統的な人文学中心の場合もあれば、科学技術を含む現代的な教養概念であったり、アメリカのリベラルアーツ・アンド・サイエンスを意味する場合であったりするように、多義的である。

　しかも、この二つの概念が同じような位置で併存しているのか、教養教育を修飾する概念として国際という言葉が存在すると考えるのか、国際教養という一つの概念と考えるのかも不明確である。一つの概念として考えるのであれば、どのようにして緊張関係を内包しつつも統合されているという状況・概念を作ることができるのかである。国際教養という一つの概念を確立するためには、ある程度の共通認識を持っているが、異なる学問分野に従事している教員・研究者集団のなかでの、率直で活発な意見交換、研究活動、

教育経験の交流が不可欠であり、それが蓄積されることによって国際教養という一つの概念が明確になっていくこととなる。

特定分野への集中

第3に、学生は幅広く科目群を学ぶなかで、将来の職業選択との関係で、特定の専門分野に関心を持ち学習を集中することになる。カリキュラムは科目群・クラスターからなり、初学年では広く学び、高学年になるにしたがい、特定の科目群や地域群の研究へと集中していく。全体的なバランスある教養を志しつつも、ある分野への集中は必然的である。

ある科目群への集中はリベラルアーツ教育、教養教育の深化であるが、学生のなかには、その分野を専門的に学び、その分野の大学院進学を目指す学生も存在する。上級科目には専門教育の導入部分という側面もあり、いずれを強調するかによって学習する内容が異なっていく。カリキュラムはこれらの要望をどのようにすれば満たすことができるのかも課題である。上級演習クラスでの教員の考え方、指導方法によって科目の性質に違いがあり、統一した内容を求めるのは困難である。早稲田大学国際教養学部の場合は、国際コミュニケーション大学院を開設したので、そこへ進学する学生も多い。、法科大学院などをも含む他の領域の大学院に進む学生もいる。著者の上級演習クラスには法科大学院進学者が毎年数名存在した。

日本研究の重要性

第4に、学生は国内生と海外からの留学生とからなる。なぜ、留学生が日本の大学に来るのかと言えば、日本を学ぶためだからである。この意味では、留学生にとって、日本研究が重要な意味を持つ。また、日本研究は国内の高校を卒業してきた日本人学生にも重要な意味を持つ。というのは、グローバル化した世界においては、個人、家族、国家、民族、宗教などがそれぞれの独自性、固有性を主張することになる。したがって、自己の固有性を理解することと他者の固有性を理解し尊重することの双方が必要である。日本における国際教養学部は、日本という地域の研究を重視し、日本研究、地

域研究を含まなければならないし、日本語教育も不可欠になる。日本研究を強調する場合には、国際日本学部という名称の学部を設立する事例もある。なお、海外からの留学生が少なければ、日本語教育の部分は不要となる。

● 手段としての英語力 ●

第5に、現代的な教養教育を修得するための手段として英語力が必要である。現代的な教養の中には英語力・外国語能力が含まれるということもできよう。現代的な教養教育と英語力とは基本的には目的・手段という関係にある。しかし、現実に「英語で学ぶ」前提として、どのレベルの英語力が必要なのかが問題となる。すべての入学生が英語で学ぶ語学力を持っているとは限らないので、どのようにして、そのレベルに到達させるかという英語教育プログラムの構築が必要となる。英語教育プログラムの比重は入学学生の英語力と関連するが、英語力が高い場合であっても、大学において英語で授業を履修するための訓練プログラムは不可欠である。なお、ここでは触れないが、このプログラムを担当する教員の採用訓練にはいくつもの課題がある。

入学者選抜において英語力、基本的な思考力（いわゆる地頭の良さ）のいずれを重視するのか、どのような試験問題を作成すべきか、というより実際的な課題もある。早稲田大学国際教養学部卒業時における成績、順位は入学時の英語力ではなく、高校時代までの総合的な学力と比例している。

● 現代的教養の内容 ●

第6に、現代的な教養にはなにが含まれるのかという問題がある。アメリカの大学におけるリベラルアーツ教育はギリシャ・ローマ以来の古典を学ぶことを出発点とした。今日では、西欧中心主義という批判がなされ、その修正が試みられている。古典教育を重視するという場合、日本の国際教養学部は日本という場所に存在しているので、日本的あるいは東洋的な古典を学ぶことが重要な要素として含まれなければならないことになる。たとえば、個人と家族、企業、地域コミュニティー、国家等との関係、正義や公平という論点はいずれの古典にも共通する課題である。それ故、これらについての西

欧、東洋、東アジア、日本等の古典の学習は重要であり、それぞれをどのように関連させるかという論点に直面することになる。

規模

　第7に国際教養学部の規模はどのようなものかも重要である。アメリカでは小規模のリベラルアーツ大学での教養教育の試みは成功してきた。秋田県立国際教養大学は当初の学生定員は100名であり、その種のタイプである。しかし、早稲田大学のような大規模・研究型・総合型大学の内部に教養教育を重視する学部をおく試みは、性格が異なる。早稲田大学国際教養学部の1学年の入学定員は600名である。ハーバード、コロンビアなどのアメリカの大規模・研究型・総合型大学では定員が2000名程度のリベラルアーツ学部のみが存在している。しかし、日本の場合は、専門的な学習を目的とする学部が多数存在しているなかで、国際教養学部を設置することとなる。この点では、アメリカとは状況が異なる。しかも大学の制度全体が研究重視・教育軽視という状況にある日本の大学制度において、教育を重視するシステムをどのようにして作ることができるかが問題となる。総合大学のメリットを活用できるとはいえ、他学部からの反発も考えられ、大学全体の風土を変革する必要もあり、大規模研究型・総合型大学において新しいタイプの教養教育を作ることは容易なことではない。

国際教養のわかりやすさ

　第8に、国際教養という理念、概念がわかりやすいものとして、学生や社会に理解されているか、次に共通の認識が生まれたとしても、具体的なカリキュラムがその理念を十分反映するものとなっているか。カリキュラムが理想的にできたとしても、授業の実態がその通りであるかという問題がある。理念、具体的カリキュラム、実際の授業には齟齬がないか等を常に確認していくことが必要である。新しい試みを継続的に実現しているかの点検、そのためのシステム作りが必要である。

多様な学生の交流

　最後に、早稲田大学国際教養学部の場合、4月入学生には、一般入試で入学してきた国内高校出身者、国内 AO 入試により入学してきた多様な日本人学生、英語力はあるが日本語能力を前提としていない海外 AO 入試による学生、附属系属校からの学生が含まれ、これに加えて、AO 入試による9月入学生、学生交流協定に基づいて来日し1年間学習する特別交流学生等がいる。これら多様な学生の交流、さらには、早稲田大学の他学部学生との交流をどのようにして実現するかという現実的問題もある。国際教養学部の教室、研究棟を本部である早稲田キャンパスの中央に配置することにより、大学のグローバル化を重視するという象徴的意味を持たせ、これにより学生間の交流の促進を目指した。

⑷　国際教養学部の与えた影響とその限界

国際教養学部の成功と早稲田大学内部での影響

　これまで述べてきたことをまとめると、「国際教養」とは、「グローバル化した世界が直面している課題を解決しようとする志を持ち、自己の文化の独自性を認識し、多文化社会での共存をめざし、現代の諸科学の基礎を理解し、先端的学際的学問に関心を抱き、自己の思考を発信する外国語能力を有する学生を育成するための教育システム」ということになろう。

　早稲田大学において、国際教養学部はその後も順調に歩んでおり、基礎演習及び上級演習の一部を例外として、原則としてすべての科目を英語でおこなっている。外国人学生は3分の1を超えており、特別の事情のある者を除き、学生は1年間の海外留学に参加している。現代的教養教育・リベラルアーツ教育の重視というカリキュラムも順調に運営されている。第2外国語も必須としたので、英語圏以外への1年間の留学も多い。教員学生比率を改善し、少人数教育をおこなうため、授業料を他の文系学部の1.5倍としたにもかかわらず、優秀な学生が入学する。卒業生の就職、国内外大学院への進学も良好であり、大学院国際コミュニケーション研究科も設置された。

　このような国際教養学部の開設は日本の大学制度にどのような影響を与え

ているか。まず、早稲田大学内部での学部教育に多くの刺激を与えた。グローバルな大学を目指しての展開が進み、現在では13学部のうち 6 学部（国際教養学部、政治経済学部、先進理工学部、基幹理工学部、創造理工学部、社会科学部）、18大学院研究科のうち11大学院研究科（アジア太平洋研究科、国際情報通信研究科、生産情報システム研究科、商学研究科ビジネススクール、政治学研究科、経済学研究科、先進理工学研究科、基幹理工学研究科、創造理工学研究科、社会科学研究科、国際コミュニケーション研究科）で英語のみによる学位取得が可能になった。また、これ以外の学部、大学院でも英語による科目の設置が進み、多くの学生が日本語と英語との二言語による教育の経験をしている。外国人学生の数は7500名に達し、学生の多様化が進んでいる。

● 類似の試みと限界 ●

　早稲田大学国際教養学部と秋田県立国際教養大学の試みは、大学のグローバル化の先導的な試みと評価され、2009年からの文部科学省のグローバル30事業、グローバル人材育成事業制定にも影響を与え、日本の大学に多くの影響を与えた。例えば、「国際教養」という名称を有する学部がこれ以降数多く開設され、ごく最近の2019年 4 月には千葉大学に国際教養学部が、名古屋市立外国語大学に世界教養学部が生まれた。これからも同様な傾向は強まって行くであろう。

　しかし、すべての科目を英語で行うことが多くの日本の大学において実際に可能かといえば、そうではない。大学教育を英語で受けるためには、アメリカの大学学士課程入学に必要な英語能力と同等の能力が必要である。また、入学する学生の英語による学問理解力が十分に高くなければ、水準の高い学習は不可能である。さらに、教員の学問的水準、研究・教育能力、英語力が十分に高くなければ、水準の低い教育しかできない。結局、教員と学生双方の英語力が十分に高い場合にのみ、英語による教育が実質的な意味をもつことになる。そうでない場合には、「英語による教育」ではない、「英語の教育」が中心にならざるをえない。

第 8 章

グローバル化した大学の研究・ガバナンス・財政

❶ グローバル化の研究に及ぼす影響

(1) グローバル化と大学の研究

　今後の日本社会では、外へ向けてのグローバル化と内なるグローバル化とが進んでいく。グローバル化が進み、多様な大学が存立するなかで、各大学はどのようにしてその独自性を発展させるかが課題となる。本書は、主として教育について論じ、リベラルアーツ教育の重要性について触れてきたが、最後に、研究、財政、ガバナンスに関する基本的な論点について簡単に触れておこう。

　大学は、研究に基づいて教育をする点で、他の高等教育機関と異なり、学生は教育を受けるのみならず、研究に関わることが要請されている。「教育」とは、他人を育てること、ある事柄について、教え、育てることをいう。英語の Education という言葉は、導き出すこと、引き出すことを意味する educate という言葉に由来する。「研究」とは、自分の問題関心に基づいて課題を選び、自主的・自立的に調べ、考え、実験し、発表することである。大学以外の研究機関では、研究者はその研究機関の目的との関係で研究テーマを選ぶ。企業の研究機関の場合には、研究テーマの選択、研究内容、研究成果の公開に対して、企業からの制約が加わる。これに対して、大学では研究

者の自由が尊重されるが、研究の成果を教育することが研究者の責務とされる。大学の研究は日本社会のグローバル化により、どのように変わっていくのであろうか。

　今日の大学では、グローバル化の進展、科学技術の発展を担う指導的エリートの教育とともに、高度な知識を理解する能力のある市民を育成し、国民全体の知的水準を向上させる教育が必要であり、多様な目的の教育がなされている。各大学はその大学の教育目的に即した独自な研究を進めているが、日本社会のグローバル化は大学の研究にどのような影響を与えるであろうか。まず、人文学・社会科学の分野について考えておこう。

(2)　人文学・社会科学研究の性格の変化

● これまでの人文・社会科学研究の特徴 ●

　今後の人文学・社会科学系学問のあり方に関しては、グローバル化、英語の共通語化、自然科学系学問との関係等が問題となる。

　人文・社会科学系学問においては、各研究者がどのような研究目的を設定するかが重要である。どのような研究を目的とするかは、その時代、社会、市民の価値観・価値意識によって定まる側面があり、既存の価値・常識を疑うところから研究が始まる。支配的価値を疑い、批判的観点から、課題について分析をし、これまでとは異なる価値を探し求め、それを定立するという一連の知的活動が研究である。

　人文・社会科学分野における研究の価値は、当該学問分野の研究者集団による評価が基本である。誰を対象・名宛て人とする研究かが重要である。日本の研究者を対象とする場合、日本の課題を対象にして、海外での多様な議論・研究をふまえつつ、理論的・実証的研究を行い、論文を作成し、日本語で発信するのが通常であった。これからも、これが中心であろう。

　しかし、グローバル化の進行、英語の共通語化により、人文・社会科学の領域においても、全地球の研究者を発信対象とする場面が生じてきた。その場合、学問分野での共通語となった英語で発信するときは、どのような内容を発信すべきなのかが問題となる。

　日本の人文・社会科学分野における研究なので、日本の問題状況について、日本の視点に基づいてなされた研究の成果について、発信することになる。現代的意義を有する研究であるためには、全地球的なレベルで展開されている先端的な議論に関わることが必要となる。しかし、先端的な抽象化された一般理論は、ある地域の具体的な状況の実証的な研究、分析から導かれるものである。したがって、前提となっている社会的な事情・背景が違えば、その上で展開される一般論・抽象論も異なることになる。それ故、単に、既存の一般理論を日本にあてはめるのではなく、日本の状況を具体的に分析することによって、そこからより広い範囲で適用できる一般的な抽象論を導くことが必要になる。人文・社会科学の分野では、研究者が属する国・地域の課題の分析、検討が基本的な内容であるが、同時に、そこに特有の独特の課題と思われるものが、実際には、普遍的な課題として存在していることを示すことが重要である。独自かつ普遍的な問題に取り組むことから一般的抽象論を導く可能性が生まれる。

日本から世界への発信

　これまでの日本の人文・社会科学は、外国の研究者が展開した一般理論を日本へ紹介、移植、輸入し、それを日本の状況にあてはめ、日本の研究者を名宛て人として、日本語で論じるという方法をとってきた。しかし、世界の研究者を対象にして、英語により研究を発信する場合は、一般理論が日本にも適用できること、一般理論を当てはめた日本の状況についての紹介では、不十分である。むしろ、一般理論を日本の状況に当てはめても解けない問題があること、日本の状況を基礎にして一般理論を修正すべきこと、さらには日本の状況を素材として新たな一般理論を定立することが、世界の研究者を名宛て人として英語により発信することの意味である。英語を研究発信言語とすることによって、日本の人文・社会科学系統の学問・研究の性格を変えていくことが必要であり、またそれは可能なことである。

194

表29　日本の人文・社会科学研究の今後

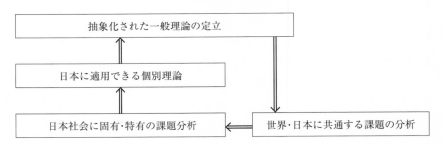

　英語による研究発信の強化は、輸入学問であった日本の人文・社会科学の性格を変化させる可能性がある。日本の違いを説明することではなく、日本の違い、独自性、特徴を基礎として、一般理論の発展にどう貢献できるかが、日本の人文・社会科学の課題となり、そのような観点からの発信が要請される。この意味で、英語による研究発信の強化は、日本の人文・社会科学の学問的な性質を変える機会となる。

● 英語によって教育をする意義 ●

　日本人研究者が日本の大学において英語で授業・教育をする意味はどこにあるのだろうか。人文・社会科学系の場合を考えてみよう。その理由は「日本のことを英語で説明する必要があるから」ではない。ビジネス社会では英語が共通語となっているから、「英語を話すことができる人材」を育成する必要があるからでもない。外国語で授業をすることにより、日本を相対化し、比較する視点が明確になるからである。

　著者の経験をもとにして議論を展開しよう。すでに述べたように、著者は、早稲田大学の法学部、法学研究科、及び法科大学院では、日本語で、日本民法の解釈論を論じ、国際教養学部及び法科大学院では、英語で、「日本民法入門」の授業をしてきた。訴訟を抱えている外国人弁護士に詳細な解釈論を説くことを除けば、外国人学生に対して、英語によって、日本民法の詳細な解釈論をすることはあまり意味のあることではない。

　より重要なことは、日本民法の解釈論の特徴を、同様な政治的・経済的状況にあるアメリカ、ドイツ、フランス、イギリスなどの解釈論と比較して論じ、さらに、各国の法理論の相違の背景にある、法制度、法的論理構成の仕方、歴史的・文化的背景について議論することである。履修学生の文化的背景が多様であればあるほど、履修学生からの発表・報告を活用することによって、多元的な視点からの討論が可能となる。履修学生から母国の状況を、共通語としての英語によって説明・報告させることにより、各国の法制度・法理論の特徴を容易に比較できる。日本語による資料・研究・論文がない場合であっても、英語による文献は多く、また多国籍の学生からの報告によって、日本法を相対化することができる。各国、地域の状況について英語による授業、発表、紹介、討論によって、日本を相対化することは、法律学にとどまらず、多くの人文・社会科学にもあてはまることである。それ故、これからの日本人研究者は、多国籍学生に対して、英語による授業をするという経験を通じて、日本を相対化する視点を確実なものとすることが可能であり、また必要である。

　●　日本を相対化する　●

　日本を相対化するには、外国の状況についての研究が必要であり、外国の状況についての研究に関しては、日本語よりも英語の研究文献が多い。英語文献を利用することによって、諸外国との比較対照により日本の占めている位置・状況をよりよく理解することができ、また英語によって世界に発信できる。この意味で英語による発信力が日本の研究者にとり、ますます重要になる。しかし、英語が共通語化するなかでも、その国の国民の知的水準を高めるためには、国民言語による高等教育、研究が必要であることは言うまでもない。外国語によって高等教育がなされるならば、現地の母語を使用する者と外国語で学んだ知的階層との間に知的断絶が生じてしまい、また、その母語が知的な内容を持たなくなる危険がある。日本語による大学教育がなくなれば、学問的な意味・内容を伝えるという機能・意義が日本語から失われてしまうので、日本語による高等教育の維持・発展は前提とされなければな

らない。それ故、これからの人文・社会科学系の日本人研究者は、日本語に加えて、英語による研究、教育、発表ができることが必要になってくる。

● 非英語圏における研究者の使用言語

　グローバル化のなかで、英語が共通語となる時代においても、国民言語による知的活動の促進という観点からの、国民言語による大学教育の重要性は変わらない。そこで、非英語圏における研究者の使用言語について考えておこう。グローバル化が進んだとしても、非英語圏における人文社会科学系統の研究者の場合、それぞれの国・地域の言語で論文を書くのが通常である。研究の名宛て人、論文の読み手は、その課題に直面しているその国・地域の人々であり、その人々に直接訴えることができるのは、そこで用いられている地域言語、国民言語を用いて論文が書かれているからである。人文・社会科学系統の学問の場合、研究の名宛て人・集団がもっともよく理解できる言語によって研究発信をするのが原則であるから、今後においても、非英語圏の研究者は、その地域の課題について、その地域言語により発信するのが原則であり、研究成果はその研究者集団の中で評価されることに変化はない。

　もちろん、研究成果の蓄積を元にして、共通言語化している英語によって、世界に対して、日本の状況紹介として発信することも必要であるが、それは英語力の問題であって、研究者集団における研究評価とは別のものである。世界の研究者集団のなかで評価されるためには、日本の違い、独自性、特徴を基礎として、一般理論を発展させることであり、これを可能にすることが、日本の人文・社会科学の課題となり、それができるときに世界の学問発展に貢献できることになる。日本の人文・社会科学の研究者は、日本語と英語の双方による研究発信能力が必要になってきている。

● 翻訳の意味

　英語が共通化する時代における翻訳の意味について触れておこう。

　外国語で書かれた論文・書籍が、幅広い分野で、しかも高い水準で日本語へと翻訳されたことが日本の学問発展の基盤にある。すべての研究者・読者

が複数の外国語に堪能であるわけではなく、外国語読解能力があっても、母語と同じような速度・水準で読解できるとは限らない。また自分の専門分野以外の領域における最新の状況を知るためには翻訳書によることが効率的であって有益である。それ故、外国語文献の地域言語・国民言語への翻訳が必要となる。外国語文献の国民言語への翻訳は、いずれの国においても、広い範囲の読者を獲得し、国民の知的水準の向上に貢献してきた。とりわけ日本では、外国語文献の日本語への翻訳はきわめて盛んであって、日本の学問の発展に大きく貢献してきた。このことは英語がより広く用いられるようになっても変化しない。また、日本を相対化するという視点からは、より多くの言語からの日本語への翻訳が必要になっている。

　他方では特定の地域に関する日本語による研究が、その地域の言語に翻訳されることがある。中国や韓国に関する日本語による研究が、中国語や韓国語に翻訳されるのがその例である。特定の地域に関連する研究でなくても、その研究が関連性があると考えられれば、その地域の言語に翻訳されることになる。これまでも日本についての日本語による研究が日本語に堪能な外国人により、外国語に翻訳されてきたが、これからもそうであろう。また、特定の地域の者を対象とするのではなく、より広い多様な地域の者を名宛て人とする場合には、事実上の共通言語となった英語への翻訳もなされることに変化はない。

● ビッグデータ・自然科学との関連 ●

　人文・社会科学の分野でも、情報に関する科学技術の発展、とくに、処理をするデーターの量（volume）、多様性（variety）、データ更新の頻繁さ（velocity）により特徴付けられるビッグデータ科学（Big data science）は、重要な位置を占める。膨大な資料データの蓄積、統合、活用が行われ、それに基づく研究・分析が進み、人文・社会科学は具体的なデータに基づく実証的な学問へと変化していくであろう。

　さらに、ある一つの人文・社会科学上の課題の解決に関しても、多様な視点、比較の視点が重要となり、さらに、複数学問分野、とりわけ自然科学分

野との協力、異なる学問分野間の学際的な協力も必要となる。このようなことを、一人の研究者が行うことは困難であり、集団的な研究が重要性を増し、研究を統括し、方向付ける戦略が大切になってくる。これからの人文・社会科学研究は、グローバル化、科学技術の発展により、大きく変わっていくことが予想される。

(3) 科学技術研究と安全保障・軍事研究

アメリカにおける軍事研究

大学における科学技術研究の今後のありかたについては、すでに、第4章 激しくなる世界の大学間競争 2日本の科学技術力の失速、3大学における科学技術研究において、触れたところである。以下では、日本における科学技術研究が諸外国ともっとも違う点である安全保障・軍事研究との関係について簡単に触れておこう。

カリフォルニア工科大学等、アメリカの研究大学には国防総省、軍需産業等から多額の研究資金が集まっており、科学技術研究と軍事研究とが密接な関係にある。アメリカでも1960年代後半から70年代にかけては、大学のベトナム戦争への協力が問題となり、大学における軍事研究の是非が問題になった。今日でも、ハーバードなどでは軍事研究に対する批判的な態度が見られるが、多くの大学では大学における軍事研究に対する反対の声は上がっていない。もっとも、理工学分野のアメリカ人大学院生は軍事関連研究には消極的であるので、これまでは、外国人留学生が関わることが多かった。ただし、最近では、軍事技術・情報の海外への流失を懸念して、外国人学生は基礎的・補助的な研究作業にのみ関わらせることが多くなった。

安全保障研究

人文・社会科学における安全保障・軍事研究は、研究者の学問研究の自由の範囲に含まれる限りにおいては、問題とはならない。しかし、自然科学の分野における研究、技術開発ではこれが問題となってきた。戦後日本の経済発展は、戦時下における重化学工業化を基盤とし、軍需関係技術者の民生技

術への移動によって進み、学術研究も民生的分野を中心として発展し、その成果が社会・産業界に貢献してきた。占領軍による軍事研究禁止命令を前提とし、平和主義的な科学技術振興政策のもとで研究が進められた。高度経済成長の結果として、研究費も潤沢にあり、大学の研究者の軍需産業との直接的な関わりはほとんどなかった。1960年代から70年代にかけては、産学協同に対する学生からの批判はあったが、研究においての軍事と学問との協同という事態は生じていなかった。

　しかし、21世紀に入ってから、政府は、東アジアにおける安全保障環境の変化を理由に、重化学産業の技術の軍事技術への応用を意図するようになり、大学における軍事研究が問題となってきた。また科学技術研究費の伸び悩みの中で、防衛当局からの研究費利用をめぐって問題がでてきた。2015年度に発足した防衛装備庁の「安全保障技術研究推進制度」がその争点であり、日本学術会議は、2017年4月13日に「軍事的安全保障研究に関する声明」を発表した。声明は、科学者コミュニティの独立性、学問の自由と軍事的安全保障、民生的研究と軍事的安全保障研究、研究の公開性、科学者コミュニティの自己規律、研究資金のあり方を論じ、その後、同声明に対する社会的反応を報告するインパクトレポートも公表された（同年8月31日・9月23日）。

軍事技術開発と大学の使命

　軍事研究は兵器が実戦で用いられることを想定しており、兵器は人間の殺傷、建造物等の私有財産、道路・橋・港湾等の社会資本及び自然環境等の貴重な社会的共有財産を大規模に破壊し損失を与えることを目的としている。安全保障を目的とする防衛当局、軍事産業による軍事技術研究・開発は別として、大学における科学研究、技術開発は、生活を豊かにし、向上させることを目的とするので、固有の意味での軍事兵器開発は大学の使命と矛盾するというのが一般的な見解である。

　これに対しては、軍事的安全保障研究に関わる技術研究の内部には、自衛目的の技術と攻撃目的の技術とが区別でき、自衛目的の技術研究は認められ

るとの意見もある。しかし、その区別は困難であり、軍事的技術の開発研究は大学においては認められないというべきである。また、科学技術は中立的であり、それを利用する方法の規制をすることが重要という議論もあるが、この種の議論は科学者の政治的無責任、科学技術の政治への従属を合理化することになるので、この議論も採ることはできない。

● デュアルユース技術 ●

　現在の高度先端技術・知識は、軍事的利用にも民生的・平和的利用にも応用できる技術（デュアルユース技術・dual use technology）であり、問題の焦点は大学における研究とデュアルユース技術との関係にある。

　民生用・軍事用科学技術という区別はできず、軍事的利用と民生的平和利用との境界は曖昧である。ロボット研究を例にとれば、アメリカにおけるロボット研究は、核戦争に際して、放射能汚染下での人間によらない戦闘を目標として進められてきた。それ故、福島原発事故の際、日本のロボットは放射能汚染された原子炉の中では活動できなかったが、アメリカのロボットは十分な活動ができた。さらに、人工知能と結びついた戦闘用ロボットが開発されており、敵におぞましい感情を与えるようなコブラに類似した形態をとっている。ロボット掃除機ルンバ（Roomba）を開発した IRobot 社は軍事用ロボットの開発が本業である。無線で遠隔操作される無人飛行物体であるドローンは、元来兵器として開発されたのである。有人飛行の戦闘機の代わりとなるものであって、最近では、蚊の大きさ程度の小さなドローンなど様々な大きさのドローンが開発され、無数のドローンが戦闘に参加することが想定されている。血管内部に入る超精密小型の機械は治療の目的で開発されても、軍事利用が可能である。介護に利用するために着用する筋力を補助する装置は軍事目的で研究されてきたことは明らかである。

　これらの技術はたとえ民生用に開発されたとしても、軍事に応用できることは明白である。民生用に開発した技術を軍事用に用いることをスピンオン spin on と呼ぶ。他方、インターネット技術や GPS システムのように軍事目的で開発された技術が民生的利用に進むことも多い。これはスピンオフ

spin off と呼ばれる。

　問題の中心は、そのような民生用にも軍事用にも利用できる研究・技術開発にある。純粋に平和利用のための科学技術を進め、軍事的利用の可能性がある研究・技術開発には大学は携わらないという立場もあろう。個々の研究者がそのような立場をとることはあり得る。しかしこの立場は大学における科学研究は先端的科学研究から撤退することを意味し、現実的・実際的ではない。研究成果が軍事的に利用される可能性がある研究について、大学はどのように対応すべきかが問題となる。現在の先端的な科学研究・技術開発はほとんどがこれに当てはまるので、問題の及ぼす影響は大きい。

　また、基礎研究であれば一律に軍事的安全保障研究に当たらないとはいえないので、基礎研究と応用研究という区分も意味を持たない。検討に際しては、民生的・平和的研究と軍事的・安全保障研究との違いに着目することが考えられる。大学における学術研究・技術開発では、研究者の自主性・自律性、研究成果の公開の保障が必要である。軍事的・安全保障的研究では研究テーマの設定などは研究委託者から指定されることが多く、研究者の自主性が薄れる。民生的・平和的研究の分野でも研究委託者から課題が設定されることも多く、実質的には大きな差異はないかもしれないが、軍事的・安全保障研究の分野では、研究期間中及び、期間後にも、研究内容についての秘密性の保持、秘匿性が要請され、研究成果の公表、研究の公開性に関しては、研究委託者からの制約が強くなる。もっとも、大学と産業界との協同研究・研究連携においても開発技術の秘匿性が要求されることが多く、程度の差でしかないということもいえる。したがって、民生的・平和的研究と軍事的・安全保障研究との違いに着目する議論は有効ではあるが、決定的とはいえない。

安全保障・軍事当局の予算による研究

　軍事・安全保障当局の研究予算は民生的・平和的研究から軍事的・安全保障研究への転用、スピンオフを意図・期待して、大学における基礎研究に支援している。アメリカでは研究費の中で軍事的・安全保障研究予算が大きな

比重を占めており、軍事的・安全保障研究予算によって、民生的分野の研究がおこなわれている。日本でも、大学における科学研究費の減少、伸び悩みを奇貨として、防衛装備庁は「安全保障技術研究推進制度」によって大学等での基礎研究への支援を行おうとした。文科省による研究費が減少し、産業界からの研究費が少ないなかで、この制度を利用して研究を行おうとする研究者が出てくるのは当然でもある。

　学術研究の発展にとっては、民生的分野の研究を大学等・公的機関・企業等が連携して、基礎から応用までバランスのとれた形で推進すること、科学者の研究の自主性・自律性・研究成果の公開性が尊重される民生的な研究資金を充実させていくことが理想的であることは言うまでもない。しかし、先端的な高度の科学技術分野においては、技術の両義性・ダブルユースの可能性が前提であるので、純粋に民生的分野の研究であって軍事的転用の可能性のない研究はほとんど想定できない。しかも、研究者が研究成果がいかなる目的で使用されるかを全面的に管理することは難しい。したがって、大学の研究者がダブルユースの可能性のある研究を軍事・安全保障当局、軍需関連企業からの研究費によって行うことをどう考えるかが論議の中心となる。

軍事的安全保障研究についてのガイドライン

　日本学術会議の「軍事的安全保障研究に関する声明」は、研究費の受け入れにおいて慎重な判断をおこなうことが求められるとしている。同声明は、研究の自主性、公開性など学問研究の自由に関わることは研究者個人の問題であるとともに、その研究者の所属する研究機関の問題でもあるとして、大学等の研究機関は軍事的安全保障とみなされる研究については、その適切性について、目的・方法・応用の妥当性の観点から、技術的・倫理的に審査する制度を設けることが望まれ、学術分野の性格に応じて、ガイドライン等を設定することも求められる、としている。

　しかし、生命倫理に関わる研究に関しては世界的にほぼ同様なガイドラインができていることとは対照的に、軍事安全保障に関わる研究についての世界的に共通のガイドラインは見られない。戦後、日本の科学者達は、近代日

本の科学技術は軍事の要請から発展してきたという戦前の歴史、その成果が
戦艦大和であり、零戦であったこと、を批判的に総括し、民生的・平和的研
究を強調してきた。

　しかし、世界の中では、軍事・国防・安全保障に関する教育、軍事教練が
大学の必須科目になっている国は多い。とくに、ベトナムなど、西欧列強に
よって植民地化され、独立戦争を戦った国においては、国民と国家の独立を
確保するには軍事的な手段が必要であるという国民共通の認識・自覚があ
る。日本によって侵略された歴史を持つ中国においても同様である。それ
故、国家や民族の独立を保持するための安全保障・軍事研究は当然のこと、
正当なものと理解されている。アメリカでは軍の将校を養成するための教育
課程を大学に設置しており（予備役将校訓練課程）、韓国や台湾も同種の制度
を持っている。戦後日本社会の軍事・国防・安全保障についての平和主義
は、戦前日本の軍事的科学技術研究、アジア侵略に対する批判的総括という
歴史的な背景から生まれたものであり、世界の一般的な潮流とは異なってい
る。このような違いから、安全保障・軍事研究と学問研究との関係につい
て、日本と世界に共通のガイドラインは存在しない。

　また、日本国内の大学や学協会においても、民生的科学技術研究開発と安
全保障的なそれとの区別が曖昧であること。高度に先端的な科学技術研究分
野における両義性からして区別をしても意味がないこと。研究技術開発の軍
事的転用可能性の強弱に応じて議論をする必要性があること等からして、ガ
イドラインの作成が進んではいない。

　これらの議論に対して、2017年6月2日閣議決定「科学技術イノベーショ
ン総合戦略2017」は、国家安全保障上の諸課題への対応をうたっており、以
下のように述べている。「国及び国民の安全・安心を確保するためには、我
が国の様々な高い技術力の活用が重要である。技術力の活用においては、国
家安全保障を広く捉え、テロ対策、災害対策に関する科学技術のみならず、
海洋、宇宙空間、サイバー空間といった新たな領域への対応に幅広く活用し
ていく必要がある。昨今の高度化した技術は、当初は必ずしも想定していな
かったような分野で活用・発展することが多くあり、技術力は我が国の経

204

済・社会活動を支える基盤であるとともに、国及び国民の安全・安心を確保するための基盤ともなっている。このため、関係府省・産学官の連携の下、国家安全保障上の諸課題に取り組むために必要な技術の研究開発を促進することも重要である」としている。しかし、これにもとづいた具体的な政策はない。

研究資金の出所

　それでは、どのようなガイドラインを設定すべきか。どのような目的で研究をするのかは規準とはなりにくい。研究目的を明確に区別することはできないからである。そこで、どのような種類の予算で行うのか、どのような機関が行うのかが適切かを判断するほかない。防衛・軍事・安全保障当局以外の研究予算によるのであれば、両義性のある、転用の可能性のある研究であっても、民生的・平和的な目的であれば、大学において行ってもよいことになる。しかし、民生的技術について軍事的な転用可能性を目的として、研究することは大学では認められないというべきである。軍事目的の研究は、安全保障・防衛当局、その設置する研究所が行うべきであり、安全保障に強い関心、意欲、能力を持っている研究者を集め、研究組織の強化を図るとか、防衛省、防衛研究所、防衛大学校、安全保障関連産業による協力関係を作ることになろう。

　両義性のある研究を、民生的な目的で、軍事安全保障当局からの予算で行うことがもっとも問題となる。研究者は民生的平和的目的を持っているとしても、予算を配分する当局は軍事への転用可能性を意図して研究費を交付するのである。そのような意図を考慮すれば、防衛当局からの予算によって研究をすることは大学ではふさわしくないということになる。

　結局、両義性のある科学技術研究を促進、推進する場合は、やはり、科学技術関連予算によっておこなうのが適切であり、民生的科学研究への予算の増額が必要であるということになる。

❷　グローバル化と大学のガバナンス

意思決定機関の構成

　大学には多様な利害関係者（ステークホルダー）が存在するので、それらの者の利害関係を適切に調整し、意思決定をし、その決定を実施するしくみ・制度・組織が必要であること、大学の規模が大きく、複雑になり、組織化されるにしたがい、教授会の自治という伝統的な運営形態では適応が難しくなる。グローバル化した大学における意思決定を担当する諸機関の関係については、別途詳細に考察を加える予定である。

　ガバナンスについてのいくつかの基本的な問題について簡単に触れておこう。アメリカでは、これらの意思決定は理事会及び理事会の下で経営を具体的に担当する学長室の役割とされている。日本では多様な例がある。経営についての意思決定の主導的な役割を担う者は理事長であり、多くの大学は経営・法人代表としての理事長と教学分野の代表者としての学長とを区別している。それぞれに必要とされる知識や能力は異なるからである。もっとも早稲田大学（総長）・慶應義塾（塾長）など、いくつかの私立大学はこの両者を兼ねている。

　それでは、学長をどのような方法で選出するのか。アメリカの場合、学長選出の委員会が設置され、そこが広い範囲から人材を選別し、選出する。そのような人材市場がすでに形成されている。学内から選ばれるのは希である。また、当該大学の教職員には、関与の機会はない。このような学長選出制度が教育研究を担当する教員及び職員の意欲をかき立てることができるかという問題はあるが、構成員にとって厳しい決断をすることもできるという長所がある。日本の大学では、多様な方法があり、学内教職員及び学外投票人による選挙という民主的な方法も多い。アメリカの場合とは逆の長所短所を持っている。

　理事長の選出、理事会における審議方法もアメリカとはずいぶんと異なる。アメリカの場合、理事会は、大学経営に対する見識を持つ多様な者から

なり、理事会は年4回程度開かれ、基本的な戦略を決定する組織である。学長は理事会の決定を執行する最高執行責任者（CEO）である。執行委員会（Executive Board・学長室）は、教学分野に責任を負うプロボスト（Provost）とその下の教学、研究、総務、渉外担当副学長（VP for academic affairs, research, administration, and external affairs）とからなるのが一般的である。

　これに対して、多くの日本の大学には学内理事と学外理事とがおり、学内理事は学部長経験者など、大学運営についての知識と経験とがある者が選出されるが、経営に関する専門的な能力があるとは限らない。また学外理事も名誉職的な立場であるにことも多く、大学についての専門的な知識・経験があるとは限らない。これからのガバナンスにおいては、教員・職員の経験を有する者のなかから、専門的な大学経営能力を有する者が、独立した職能（大学経営者層）として生まれ、分化・独立してくることが必要であり、それらの者の雇用市場が形成されていくことが必要になっている。アメリカなどと同じような大学幹部層の雇用市場の形成が進んで行くであろう。

　大学の評議員会の性格、理事会との関係は多様であり、実質的な意思決定機能を有する場合から単なる諮問機関である場合まであり、その構成も卒業生中心の場合と一般有識者中心の場合がある。

日本型組織の意思決定システム

　日本型の組織における意思決定システムの特徴は、意思決定過程に多くの利害関係者を関与させ、事前に合意を形成させ、形式的な意思決定後、早急に実施することにある。大学の理事会も同様な意思決定のシステムをとっており、稟議・根回しのシステムが重要になっている。急激な変動が少なく、大学内部の教員・業務担当経験者が理事となる時代においてはこのようなシステムは有効であった。

　しかし、日本型意思決定システムは硬直であって、急激に変化する現代社会においては、大胆な意思決定ができす、時間がかかるという困難を抱えている。アメリカの企業経営・大学経営における意思決定過程も参考となるが、中国に見られるような、組織内からの昇進者を排した独立した理事会に

よって大胆な意思決定をし、その決定内容を、原案提出者の面子・メンツを考慮しつつ、理事会での十分な討議によって原案提出者を納得させる方法を検討し、執行委員会によって執行するという意思決定システムは日本型のそれよりも合理的である。とくに急激な変化が起こっている現代においては、大学のみならず、多くの日本型組織はこれら 3 つの異なる意思決定システムの長短、特質を取捨選択し適切なシステムを作り上げることが必要である。

教授会の役割

　大学のガバナンスにおいてもっとも重要な問題は、教授会の役割である。これまでの日本の大学では、学部内における教員人事、採用、解任、昇進などの決定、学部教育カリキュラムの決定、学生の成績・卒業判定、学生募集方法の決定等が教授会の役割に含まれてきた。もっとも、実際の権限行使に関しては、教授会の理事会からの独立性（排他性・孤立性）の高い場合もあれば、経営権に従属している場合まで多様である。アメリカの場合、これらの権限の多くは学長室や独立して設置された委員会により行使されており、教員は研究と教育とに専念するものと考えられている。このようなシステムが機能する前提として、教員の移動可能性が高いこと、及び経営層の独立性が高いことが挙げられる。新たな経営・教学方針に賛成しない教員は他の大学に機敏に移動するし、学長室の方針が不適切・不人気と判断された場合は、理事会による学長の解任は比較的容易に行われる。

　大学統治システムのなかで教員の採用判断はきわめて重要である。採用された教員の退職までの給与、研究費の総額は多額に上り、教員は研究成果の発表、学生・大学院生の教育、研究者の育成等、多くの役割を負う。どの大学においても独立した人事委員会が設置され、研究教育の実績と将来性とを判断して、採否を決定する。既存の教授団にどこまでかかわらせるかは、それぞれの大学の歴史的な経験により異なってきた。しかし、これに関してもこれまでと同様な仕組みを維持できる時代はすでに過ぎ去ってしまった。

研究者採用の仕組み

研究者採用についてもっとも優れていると思われる方法は、カリフォルニア工科大学（CALTEC）の事例である。そこでは、准教授のレベルで採用し、5年間自由に研究をさせ、そのための研究費も大学が用意する。5年経過後に終身教授権（テニュアー）の判定がされ、終身教授権が付与されたときから教育を担当する。日本の大学においても、高等研究所等の組織を設けている大学では、同じように数年間自由に研究させ、期間が経過したところで、研究評価をし、優秀な者は残し、研究に加えて授業を担当させるという方法を採用することは十分に可能である。

日本の場合、これから研究教育資源を注力すべき領域を定め、教員の年齢・性別構成、平均年齢、採用年齢を配慮して、研究教育方針、戦略を構築することも教授会の役目とされている。しかし、歴史的伝統的な理由により既得権化したポストが生じることもあり、これから必要となる分野への研究・教育が十分になされるとは限らず、独立した学長室等が、より広い視点からの検討を加え、適切な方針を打ち出すことが必要になっている。この意味においても、独立した強い権限を持つ学長室を設置し、十分に機能できるようにすることが今後の日本の大学のガバナンスの課題である。

③ グローバル化と大学の財政システム

公的負担の必要性

グローバル化した大学の財政の現状及び今後のあり方についても別途考察する予定であるが、いくつかの論点について簡単に触れておこう。

高等教育に対して、国家財政による公的な費用負担・財政的支援がなされる理由は、高等教育の公共的性格にある。高等教育・大学の公共性にはいくつかの意味がある。国家の観点からすると、国民の知的レベルを上げるためには、市民に対して高等教育を与えることが必要であり、高等教育を修了した知的レベルの高い市民は、国家の経済発展にとって必要な政治的社会的安定をもたらすからである。また国家の産業競争力は科学技術の発達水準によ

り決定されるので、大学で行われる基礎的・非営利的な研究を支える必要が
あり、そのような研究に従事する優秀な研究者の育成が必要だからである。
優れた研究に基礎をおいた高いレベルの大学教育は優秀な人材を供給するた
めに必要だからである。

　初等中等教育は社会・経済発展に必要な基盤的・基礎的能力を育成する。
高等教育はよりレベルの高い労働力を作り、それによって社会を発展させる
という目的をもっている。しかし、高等教育を受けた者は、中等教育修了者
よりも、より社会的威信の高い地位に就き、より多くの収入を得るという個
人的な利益をも獲得する。それ故、基礎的な国民教育を提供する初等中等教
育とは異なり、国家が高等教育の費用をどこまで負担するのかが問題とな
る。授業料無償を原則とするヨーロッパ諸国と、連邦による大学の経常的な
運営経費負担はなく、州の市民教育という観点から、州立大学について、一
定の経常的経費負担をするアメリカとは対照的である。現代の日本では、国
家枢要の人材育成という観点から設置された旧帝国大学への経済的支援を継
受した国立大学法人に対する経常費支援と、私学助成の一環としての私立大
学への経常費支援という制度が、並列的に存在している。日本の高等教育予
算の状況、文部科学省による経常的な運営経費の支援の状況とその論理、各
大学における支出構造、戦略的な財務計画の必要性については、別途検討す
る。

国立大学法人と学校法人の収入構造の違い

　管理運営に関する経常費に関しては、国立大学法人の場合、文科省からの
運営交付金がおおよそ70％、授業料収入が15〜20％である。医学部を有する
場合には病院収入がかなり大きな割合を占めるが、それを除けば、主要な収
入費目は共通しており、寄付金等は地方国立大学ではきわめて少ない。

　私立大学の場合、学費収入、手数料収入、公的補助金、寄付金、資金運用
利益、資産売却、事業収入等の収入の構成比が重要である。一般的には、学
費収入60％〜80％・私学助成約10％である。これに加えて、資産運用事業収
入・寄付金があるが、その絶対額は大学によって大きく異なる。授業料は学

問分野毎に異なるのが通常であり、医学部の場合は高額である。なお、アメリカの場合、私立大学には連邦・州政府からの経常費補助はない。州立大学はその州の市民教育を行うことが設置目的であり、そのことから州立大学への財政的支援がされるが、経常費補助は10パーセント台である。

● 授業料収入と教育活動経費

　国立大学法人、学校法人ともに、競争的研究資金が収入構成に占める割合は少ないので、経常費収入の構造の比較が必要である。最初に指摘すべきことは、国立大学の授業料は学生にかかるコストをまかなえないことである。それがもっとも顕著なのは医学部医学科における医師育成の事例であり、6年間でおよそ7000万円のコストがかかると言われているが、2018年度の授業料は53万5800円であり、授業料はコストの20分の1程度である。その根拠は高等教育の公共性、医師養成の社会的必要性にあり、国立大学法人の設置者であった国が国費により負担するのが適切ということにあり、将来高額の収入を得る医師から所得税として徴収することによってコストの回収を計ることになる。

　私立大学の場合、授業料のみで経費をまかなえている大学と、まかなえていない大学とがある。たとえば、早稲田大学の場合、授業料では学生の教育経費をまかなえていない。私学助成などの公的な助成、資産運用事業収入・寄付金が不可欠である。2016年度の場合、教育活動収入966億77百万円の内、学生生徒納付金は661億85百万円であり（このほか、経常費等補助金113億9百万円、付随事業収入76億53百万円、寄付金28億15百万円である）、教育研究に関係する支出合計938億26百万円をまかなえていない。

　国立大学法人の場合は、学問領域にかかわらず、授業料、学生負担は共通であり、授業料では教育にかかる経費はまかなえない。差額は公的に負担されている。なお、アメリカの場合も、学部の授業料は共通である。それは学士号・BAという学位の価格は共通であるという考え方に基づいている。日本の国立大学法人の場合も、同様な論理に基づくものと考えられる。

　しかし日本の私立大学では、一般に、学部によって授業料が異なる。教育

にかかる経費が異なるので、その費用を当該学位を取得する学生が負担するという理由に基づく。このような考え方に基づけば、学部、修士、博士、専門職等、それぞれの課程において必要な経費を積み上げ、その積算価格を授業料とすることになる。さらに、競争関係にある大学の授業料もを参考として、授業料額を定める。授業料の算定は当該大学にとってもっとも重要な財政的意思決定である。かつては学費値上げに対する学生、社会の反応は厳しかったが、最近では物価上昇率と連動した学費の毎年度の定額あるいは定率スライド制が普及し、授業料額の激変は生じないこともあり、学生、社会からの反発はほとんど見られなくなった。

授業料収入の多様化

私立大学が行っている社会人等を対象とするプログラム開発には収入の拡大・多様化という側面がある。社会の変化発展に伴い、職業に必要なスキルが変化・高度化し、また企業内での研修が少なくなった状況では、個人の努力によるスキル向上・獲得が必要となる。そこで、大学はそのような技能・知識を提供するプログラムを開発するようになった。将来の社会・企業の変化状況を予見し、対処するために必要な社会人向けの教育プログラムを、通常の学位プログラム以外の方法で開発したり、ビジネススクールを用いて、転職に必要なスキルを身につけるためのプログラム、企業の上級幹部職員のためのエグゼクティブプログラムを開発したりしている。これによって高額の授業料を徴求できるという側面もある。

大学の寄付金収入

日本の大学はアメリカと比べると寄付金収入の占める割合が著しく少ない。ヨーロッパ大陸においては、市民の基本権として高等教育へのアクセスが措定されているので、大学卒業者の卒業大学に対する帰属意識は低く、卒業生が大学に寄付をする文化はなく、寄付はほとんどない。

アメリカの場合、自己の収入の5パーセントを公共的、公益的な事業に寄付をする文化がある。私立大学においては卒業生のみならず、一般の人々か

らの寄付が収入に占める割合は高い。社会的威信の高い一部の私立大学では、資産家からの高額の寄付とその子弟の入学とが密接な関係にある。学業試験等の成績だけに基づく客観的な入学試験制度をとらないアメリカでは、高校時代の成績、リーダーシップ・社会的活動等の非認知的な能力、資質、家庭的背景等も総合的に判断される。その結果、一方で、学術能力に秀でている人種的・民族的・宗教的等のマイノリティーや貧困家庭の子弟に対する授業料の免除・減額、生活費に充当する奨学金制度があり、他方では、資産家からの満額の授業料の徴収、寄付金の獲得、その子弟の入学の優遇とが事実上関連しているというケースもある。

　寄付については、華人にも同様な意識があり、中国の大学では、卒業生及び郷土出身者による寄付が財政に占める役割は大きい。日本では、このような寄付文化はなく、さらに自己の努力によって現在の社会的経済的な地位を占めたのであり、大学の世話にはなっていないと考える卒業生もいるので、寄付金の収入に占める割合は少ない。

　日本における大学の寄付金獲得状況を見ておくと、大学の周年記念事業として募金活動をする事例が多い、東洋経済の資料（「本当に強い大学2018年版」）に拠れば、2016年度の私立大学の募金額は、慶應義塾87.39億円、創価大学71.43億円、トヨタ学園58.81億円、日本大学41.63億円、上智学院31.88億円などであり、10億円を超えるのは25大学である。国立大学法人の場合、東京大学132.42億円、京都大学116.89億円、鹿児島大学91.93億円、大阪大学73.36億円、名古屋大学57.64億円であり、10億円を超えるのは29大学である。このように、研究教育について多額の募金を獲得している大学は一部にとどまり、ほとんどの大学の募金獲得額はきわめて少ない。

● 募金プログラムと寄付者の意向

　募金活動の基本的な論点は、大学の募金プログラムは寄付者の意向をどの程度実現するかである。包括的な募金活動と個別具体的な目的に対する募金活動のバランスが問題となる。包括的な募金活動の適例は、周年事業である。周年を記念しての建物建設、校地の獲得、学部の新設、奨学金の創設は

多くの大学で行われている。たとえば、早稲田大学は、2007年の創立125周年募金として200億円獲得を目標とし、208億円が実績であった。包括的あるいは一般的な寄付は大学にとって使用目的、使途とが特定されていないので、大学にとって都合はよいのであるが、寄付者に対する訴え方のインパクトが乏しくなる。個別具体的な募金目標を設定する場合には、その目標が寄付者にとってどれほどの関連性があるか、目標金額が適切であるかが問題となる。

　より恒常的な募金の適例は大学から与えられた給付奨学金によって卒業し社会的成功を遂げた者に対して行う、奨学金を目的とする募金活動・寄付依頼である。最近のアメリカでの適例は、2018年11月19日に発表された、金融・メデイア産業で成功した Michael Bloomberg 氏によるジョンズホプキンス大学に対する18億ドルの寄付がある。もっともこれに対しては、このような寄付をうけることができるのは著名な研究型大学のみであって、多くの中小大学では困難である。寄付金を得る競争力のある研究型大学では所得の低い家庭からの入学者は少なく、所得の低い家庭からの学生の多い州立大学やコミュニィテーカレッジはそのような寄付を受けることは希である。慈善的な意図による寄付は結果として大学間の格差をより強めるものでしかないという批判もある。

寄付金獲得のプロフェッション

　寄付を獲得するには、アメリカの大学では、一般的に、１ドルを獲得するには10セントが必要であり、支出額の８倍の資金を獲得できればよいとされており、寄付金獲得にはコストがかかることが認識されている。

　寄付金の獲得は大学と寄付者との人間関係・信頼関係を作り上げることから始まる。アメリカではこれについて cultivate という用語が用いられる。日本においても募金担当箇所をおき、募金活動をする大学が多い。人間関係を構築する能力と経験を有する者が長期にわたる活動をする必要がある。募金活動担当者には大学での学術的な研究教育活動を十分に理解し、寄付者の意向に沿うようわかりやすく適切に説明できる能力が必要であるが、そのよ

うな者を得ることは容易ではない。募金担当者は大学スポーツにしか関心が向かない、募金活動がマンネリになる、飲食をともにすることによって人間関係を築きあげるので不自然な特別の人間関係が生まれてしまう、費用が担当者により私的に利用される等の問題もある。アメリカでは募金寄付活動を担当する部署では、獲得の意欲を刺激するために、獲得額に応じて給与が定まる募金連動型給与体系が設けられていることが多い。

アメリカでは企業からの寄付獲得はほとんどない。これまでの日本では、卒業生が多い企業、卒業生が有力な地位を占めている企業からの寄付が多かった。しかし、企業・株主にとっては、なぜ特定の大学の寄付に応じるのかの正当化が必要であり、寄付をするときでも、他の大学に対する寄付との公平、他企業との横並び意識によって、多額の寄付はなされなくなった。建物建設等の契約の相手方企業から募金を得ることもあるが、取引上の優越的な地位の濫用、契約金額の事実上の上乗せなどの疑問も生じる。企業との関係では、企業に必要な情報、技術を提供する研究的な関係を構築する方向に進んでいるが、一部の研究大学に寄付金が集中する傾向が強まっている。

したがって、学生の父母、卒業生等という特別な関係のない、一般の人々からの募金獲得が重要となる。典型的な事例は、難病を抱えている高齢の資産家を対象にして、そのような病気の治療研究を目的とする研究、病院建設を理由とする寄付の依頼である。資産家の私的願望・利益を大学の公共的・社会的活動に結びつけるという試みである。極端に言えば、係累が少ない、公益的・公共的な活動を支援する可能性のある高齢の資産家を相手としての募金活動が中心となり、関連する情報収集と人間関係の耕作（cultivate）が不可欠となっている。

これらの話題は大学の財政システム・ガバナンスに関する論点のごく一部であり、多様な事例を紹介しての詳細な検討は別途おこなうことにしたい。

第9章

パンデミック後の社会と大学
——新たな常態（New Normal）とは——

新型コロナウイルス（COVID-19）の蔓延

　本書は、日本社会の内なるグローバル化、及び外へのグローバル化の中で果たすべき大学の役割を論じ、解決すべき諸課題を検討してきた。ところで、本書の校正中に、新型コロナウイルス（COVID-19）が世界に蔓延した。日本では、4月6日には政府により緊急事態宣言が発されたが、5月29日にはすべての都道府県で解除された。しかし、その後、世界中の広い範囲に広がり、10月初旬において全世界では、感染者数は3500万人を上回り、死者は110万人を超えた。日本国内の感染者数も大幅に増え、8万6千人に達し、死者も1600人を超えた。東京オリンピック・パラリンピックを全世界的に蔓延した疫病から解放されたことを祝賀するための、世界中から選手と観客とが集まるイベントとして、2021年に開催できるかも、微妙である。

　感染症は、グローバル化が進んでいなかった時代でも、世界中に蔓延した。中世ヨーロッパで発症した黒死病・ペストは日本にも到来した。第1次世界大戦時のスペイン風邪は日本でも流行し、39万人が死亡した。いつの時代でも、病原菌は国境を越え、感染症は世界に蔓延する。グローバル化が進んだ現代世界では、人々は頻繁かつ活発に国境を越えて移動するので、感染症も国境・人種・民族・国民などとは無関係に、急速かつ広い範囲で蔓延する。グローバル化は蔓延を加速させる原動力でもある。

　グローバル化が進む現代世界においても、世界は国民国家を前提としてい

るので、それぞれの国が国境を閉ざして、人々の往来を管理、制限、停止して、病原菌・感染症が国の中に入ってくることを阻止し、国民の健康を守ることはできる。しかし、経済は国境を越えて結びついており、世界のある地域で感染症が蔓延し、経済活動が停止すれば、世界の各地域と密接に結びついている生産・供給ラインが途絶し、国内における経済活動が低下し、国民生活を安定させることはできない。

世界的な感染症の征圧には国際的な連携によることが必要であり、世界保健機構（World Health Organization）が中心となって、対応する必要がある。世界の人々、企業、国家が協力して蔓延を防ぐための努力をする必要があり、情報の公開、どのような場所で蔓延するのか、どのようにして感染が拡大していくのか、感染した者に対する有効な治療方法はあるのか、予防方法はどうであるかなど、についての情報公開・研究協力が重要である。WHO などの超国家的な機関が中心になって、協力活動を促進することが必要である。感染症の蔓延というグローバルな現象に対してはグローバルな対処が必要である。

新型コロナ感染症（Covid 19）、それ自体については、これまでの感染症がそうであったように、今後 2 ～ 3 年の間には、治療についての特効薬が発明され、予防のための接種が行われるようになり、さらに集団的な免疫も達成されることになろう。その後は、一種のインフルエンザと同様な病原菌として取り扱われるようになろう。しかし、それまでの間は、人間は感染症と共に生きていくこと、コロナと共に生活をすること（With COVID 19）が必要である。この段階では、家にいよう（Stay Home）、社会的な距離を保とう（Keep Social Distance）ということが重要であり、仕事、生活、教育などすべての面において、非接触型の生活様式が中心となるであろう。

◗ デジタル社会の急速な進展 ◖

では、その後の社会（After Pandemic）はどうなるであろうか。コロナの前の生活に戻ることはない。新たな常態、ニューノーマルとはどのような社会であるのか。人口構造の変化、グローバル化、科学技術の発達という 3 つ

の側面から考えておこう。世界的な人口構造の変動は、感染症とはほとんど
関係なく、進んで行くであろう。科学技術の急速な発達、とりわけデジタル
社会の実現は、これまで以上に加速されるであろう。その理由を説明してお
こう。

　新型コロナウイルス・COVID19への対応では、東アジアの各政府の対応
はそれぞれの社会統治構造の違いを反映する対照的なものであった。中国で
は徹底的な都市封鎖・中央政府による強力な封じ込めによって蔓延を抑制し
た。台湾では政治家のリーダーシップと専門的な官僚組織とにより蔓延を阻
止した。台湾では各省庁の大臣は政治家ではなくその分野の専門家が任命さ
れる。韓国における大規模な感染症検査態勢の確立と患者の症状別の治療体
制の整備は特徴的であった。

　これらの対策の背景には、SARS、MARS の蔓延を阻止できなかったこと
への反省に基づく、生命科学研究の推進、生物化学産業の振興政策があっ
た。たとえば、ウイルス感染症の検査機材の開発・製造に従事する研究機関
・企業は韓国では20社以上に達したが、日本には数社しかなく、しかも国内
需要がないので、海外輸出を中心としていた。また、これら政府は、準戦時
体制のなかにあるので、化学兵器による攻撃を想定した対策を防衛当局が準
備しており、それを民生用に活用したが、日本ではそのような危機への意識
がほとんどなかった。

　より決定的なことは、中国、台湾、韓国では、個人番号による住民管理体
制が整っており、各個人に関するデータ、行動履歴が中央政府によって完全
に把握・統制され、都市封鎖が可能な条件が備わっていたことである。これ
らの諸条件が存在しない日本では、国民皆保険による医療制度、保健所制度
の活用等の公衆衛生に関する体制・インフラ整備を基盤として、クラスター
対策を中心とする疫学的手法により、各個人・企業の活動自粛を求めるとい
う対策をとるほかなかった。

　東アジア諸国の対策と比較した場合の、社会のデジタル化、生命科学・生
物科学産業の著しい遅れを、日本の政府、企業のみならず、国民すべてが、
痛烈に思い知った。その反省・自己批判にもとづいて、デジタル化、生命科

学・生物化学産業の推進、などが急激に進んでいくであろう。さもなければ、日本社会に未来はない。政府や企業のみならず、各個人もデジタル化に対応できる能力を獲得することが必要であり、社会や個人のデジタル化の進展が新たな常態の基盤となるであろう。

　デジタル社会の到来とは、これまでの生活様式が全くなくなるのではなく、これまで生じていた変化が一層加速されることを意味する。いくつかの例を見ておこう。

　雇用に関しては、あらゆる産業において、リモートワーク、テレワークが、より多く用いられることになる。オフィス以外での就労が一般化し、自宅や地域の小規模なオフィスでの就労も行われるであろう。企業は都心に大規模なオフィスを置く必要も薄れ、毎日の通勤ラッシュという光景も少なくなるであろう。さらに、都心のオフィス近隣に居住する都心居住よりも、子育てに適した自然環境のよい場所に住居を求める者も増えるであろう。郊外居住が復活し、地方居住も増加するであろう。また、都心地域においても、タワーマンションに居住し、都心の企業で働くというライフスタイルよりは、住居・オフィス・商店が混合した伝統的な下町型の生活スタイルがより魅力的になってくるであろう。雇用形態、就労状況の変化は都市構造に変化をもたらし、地方への回帰の魅力も増すであろう。

　ホームオフィスでの就労が増えるに伴い、家庭の空間構造が変化し、一部の居室をオフィスとして利用することが可能な住宅が増加するであろう。家庭にいる時間が長くなれば、家庭内の夫婦・親子関係も変化していくであろう。労働と家事の役割分担から役割の協同へと変化し、男性の家庭での家事参加が増加し、女性の就労も増加するであろう。

　しかし、すべての生活が非接触的な形態になるわけではない。介護や育児のような身体的な接触が不可欠の仕事はこれからも重要であり、濃密な身体的接触が必要な人間関係もあり、人間関係、社会生活関係の一部が非接触的になるにとどまるのである。

● グローバル化はどうなるか

　新型コロナウイルスの蔓延時期には、外国からの感染者の入国を阻止するために、各国は人々の往来を制限、停止した。人々の自由な往来が制限されたために、国外に出る者も外国から入国する者も劇的に減少した。治療薬の発明、予防接種の一般化、集団免疫の達成等ができていない感染症と共に生きる時期では、国境を越えての人や物の移動には制限が加えられ、経済社会のグローバル化の歩みは一時的には停滞する。

　しかし、適切な対策がとられるようになった時期には、グローバル化は再度急激に進むであろう。製造業の場合、特定の地域に産業の拠点を置くよりも、リスクの分散という観点から、自国をも含んで、生産拠点をより多様化するであろう。非製造業の分野では、デジタル化の一層の進展に伴い、サービスの拠点を今まで以上に多様化・分散化するであろう。

　感染症だけではなく、地震・洪水・干ばつ・津波などの自然災害、原子力事故などの人為的な災害、暴動、テロ、戦乱などの社会的な危険、さらには気候変動に伴う気象関連のリスクも増加するであろうから、不確実なリスクに対応するために、より多くの地域で経済活動を行うという分散化の動き、外へのグローバル化は、一層進展するであろう。

　日本社会の内なるグローバル化も一層進むであろう。社会のデジタル化、科学技術発展にとっては多くの優秀な人材・才能が必要である。それを国内の人材でまかなうことはできないであろうから、才能のある若くて優秀な外国人労働者が増加するであろう。それらの外国人労働者は、デジタル技術によって出身国・地区・共同体と日本での生活場所とを、より緊密に結びつける架け橋となって行くであろう。このように、感染症終息後の日本社会は、労働力不足を補うために、より多くの外国人を必要とする。優秀な外国人材獲得の世界的な競争が進むがゆえに、外国人にとって、日本社会の魅力を増すためには、外国人と日本人との共存が不可欠となり、外国人差別の解消、男女共同参画が進む社会へ変化する必要がある。感染症はグローバル化を加速させる契機となる。

● 大学にとっての新たな常態（ニューノーマル）とは

　感染症後の社会で大学はどのように変わっていくのであろうか。いくつかのことが確実に生じるであろう。

　感染症の蔓延、緊急事態宣言等から生じた経済の停滞、企業活動の低下、失業者の増加、世帯所得の減少という条件のなかで、大学進学のコストを家庭がどこまで負担できるかが問題となる。アルバイトを前提として勉学に励んできた学生は、感染症と共に生きる時代には、アルバイトの機会が少なくなり、生活費、家賃、授業料の支払いに困難を抱えることになり、経済的な支援が不可欠となる。個々の大学が授業料の減免、学生支援の財政的措置をすることには限界があるので、政府による大学への財政支援、民間からの寄付の増大が必要となる。

　研究に関しては、デジタル化、生命科学、生物科学、データサイエンス、人工知能技術等の科学研究、技術開発が日本社会の発展の方向であることが共通の認識となる。それ故、大学ではこれら分野への研究が急激かつ広範囲に進んで行くであろう。これら分野の産業が盛んになり、それに従事する人々が増加することが、日本社会の喫緊の課題となるので、初等・中等教育からの理数系教育の重要性も再認識されるであろう。これら分野に対する学生の関心、研究意欲を刺激すること、これら分野の技術者の経済的条件をよりよくすることなど、科学技術立国が再び、国是になっていくであろう。

　教育に関しては、オンラインによる教育が進展するであろう、中国の多くの大学は2月からオンライン教育に切り替えることができたが、日本の多くの大学は5月末まで開始することができなかった。大学における設備の充実、学生のパソコンによる自学自習環境の整備、教員の訓練等の条件が欠けていたからである。今後は、教員によるオンライン教育の内容・質の改善を進める必要がある。MOOCSや学生指導チューター制度の充実等の動きが加速されるであろう。同時に、オンライン教育が進むなかで、オンキャンパスの対面授業の役割を再検討し、両者をどのように組み合わせるかが課題となる。

　密接・密集・密着を避け、社会的距離をとり、非接触型交流を進めるとい

う新しい社会ルールの下においても、理工系における研究室を単位とする実験実習、人文・社会科学系におけるゼミナール制度の重要性は変わらないであろう。オンライン教育とどのように組み合わせるかが課題となる。

　日本の大学生の海外留学には多くの影響を与えるであろう。病原菌感染等の様々なリスクを危惧して、公衆衛生制度の不備な地域への留学が控えられ、入国規制の厳格化により、一時的には海外留学者が減少するであろう。他方、オンラインを利用しての海外大学での学習はデジタル化の進行に伴い盛んになるであろう。また東アジア地域の感染症対策が欧米諸国よりも成功したことからアジア諸国への留学が増える可能性もあろう。感染症対策確立後においては、国境を越えての就労が活発化するであろうから、海外留学はより一般化するであろう

　入国規制の厳格化に伴ない、当面は海外から日本への留学は停滞する。この後、日本の引きつけ要因が強まるかは、感染症対策の整備状況如何による。2021年に予定されている東京オリンピック・パラリンピックが成功裏に開催されるかは重要な別れ道である。日本の場合は、海外からの留学生がもたらす経済的な支出に依存した大学経営をしていなかったが、留学生獲得を産業化していた英語圏の国々にとっては、留学生の減少は大きな影響を与えるであろう。感染症対策が成功したニュージーランドと、感染症による死亡者数が大きいイギリス・アメリカとでは受ける影響は大いに異なるであろう。医療、公衆衛生対策の整備は今後は留学生の強力な引きつけ要因となるであろう。日本にとっては引きつけ要因が強化されることになろう。

　デジタル社会の構築及びグローバル化の進展が日本の喫緊の課題となり、大学の重要性が高まるに伴い、これまで以上に大きな金額が高等教育分野に投資されなければならない。国債発行によって歳入不足を補っている現在の国庫財政からすれば、政府による高等教育への財政支出は、大学の研究教育発展にとって、十分な額にはなりえない。それ故、大学による寄付金の獲得など民間資金の活用・獲得がますます必要になってくる。感染症後の社会においては大学の果たす役割はより重要になる。

◦ 大学経営の経験 ◦

本書の内容・著者の問題意識・主張をよりよく理解してもらうために、最後に、著者の経歴を紹介しておこう。著者は、元来は、民法の研究者であるが、近年は大学のグローバル化推進にも携わってきた。

著者は、2006年以来2017年まで、早稲田大学の常任理事・副総長、学長代理という立場で、大学経営に携わり、日本社会のグローバル化の中で大学の研究・教育をどのように発展させるかという観点から、大学の教育・研究におけるグローバル化を推進、実践してきた。また、グローバル化・国際化にとどまらず、より一般的な日本の高等教育政策のあり方についても、国内外の様々な場面で積極的に発言をしてきた。たとえば、アジア太平洋国際教育協会（Asia Pacific Association for International Education）のプレジデントとして、アジア地域全体の国際教育・高等教育の現状と今後について提言をしてきた。早稲田大学・慶應義塾大学・東京大学・京都大学・立命館大学が、2009年にアメリカ・ワシントンDCに設置した日米研究インスティチュート（US-Japan Research Institute）のプレジデントとして、日本社会の直面する喫緊の課題について、大学の立場から政策的な提言を発信をする手助けもしてきた。

現在は、日本と中国の主要な大学に奨学金を付与する香港所在の百賢アジア研究院（Bai Xian Asia Institute）のプレジデント（President, Academic Committee）として、東アジア地域の社会及び大学の将来について考えてきた。また、日本とベトナム両政府の協力によりハノイに設置された日越大学（Vietnam Japan University in Hanoi, Vietnam）の副理事長（Vice President）も努めている。

◦ リベラルアーツ教育と論理的思考の重視 ◦

しかし、著者は、本来は、日本の民法、とりわけ土地法・契約法を専門とする法律学の研究者である。これらの分野について、研究し、早稲田大学法学部・大学院法学研究科・大学院法務研究科 (法科大学院）において、日本語で、民法学の教育をしてきた。

　他方、1980年代に早稲田大学の交換教員として、アメリカ・ミシガン州の
カラマズー大学（Kalamazoo College）等、アメリカ中西部のリベラルアーツ
大学において、Law and Society in Japan（日本の法と社会）の講義、日本研
究への助言をした経験がある。それ以来、長い間、早稲田大学国際部におい
て、交換学生に対して、法律学をリベラルアーツ科目として、英語により授
業するという経験も重ね、学士課程における教育のあり方について考えてき
た。これを基礎として、すべての授業を英語で行う早稲田大学国際教養学部
開設の中心となり、初代の学部長となった。

　このような法律家としての訓練から獲得した思考方法、論理的な論述、及
び学士教育課程におけるリベラルアーツ教育の重視が本書の特徴でもある。

　1999年に早稲田大学の国際教育センター所長・国際部長となって以降、国
際教養学部長、副総長、学長代理として、また、APAIE、USJI、BXAI の
プレジデントとして、様々な場面で発表してきた論考や報告が本書のもとに
なっている。それらの論考や報告を発表をする際には、高等教育、国際教育
に関する多くの論文や資料を読むことにより自分の考えをまとめることがで
きた。それらの学恩に対して感謝したい。もっとも、それらは著者のいわば
身体の一部となっており、長年の大量の文献について、一つ一つ引用するこ
とはできないので、主要な参照文献のみを参考文献欄に記載するにとどめ
た。

　本書は日本の大学が今後進んでいく方向を理解したい、考えたいとする
人々にとって、思考と実践の原点となるように、まとめたものである。元コ
ロンビア大学（Columbia University）教務部長、元ルイスアンドクラーク大
学（Lewis and Clark College）学長、早稲田大学名誉博士のマイケル・ムー
ニー博士（Michael Mooney）との1992年以来の議論は著者の思考を大いに鍛
えてくれた。その学恩に心より感謝したい。

　本書をまとめるに際しては、自分の問題意識に基づいて、自由に論じるよ
う、ときに応じて適切なアドバイスをしてくれた成文堂の編集部の飯村晃弘
氏の暖かいご配慮に心よりお礼を申し上げる。

参考文献リスト

日本語文献

阿曽沼明裕『アメリカ研究大学の大学院』名古屋大学出版会・2014年

天野郁夫『学歴の社会史』平凡社・2005年

天野郁夫『大学改革の社会学』玉川大学出版部・2006年

天野郁夫『大学の誕生（上）、（下）』中公新書・2009年

天野郁夫『高等教育の時代（上）、（下）』中公叢書・2013年

天野郁夫『帝国大学―近代日本のエリート育成装置』中公新書・2017年

荒木光彦監修『技術者の姿―技術立国を支える高専卒業生たち―』世界思想社・2007年

有本　章『大学教育再生とは何か』玉川大学出版部・2016年

隠岐さや香『文系と理系はなぜ分かれたのか』星海社新書・2018年

池内　了『大学と科学の岐路』東洋書店・2015年

池内　了『科学者と戦争』岩波新書・2016年

石　弘光『大学はどこへ行く』講談社現代新書・2002年

石川真由美『世界大学ランキングと知の序列化』京都大学学術出版会・2016年

乾章夫・本田由紀・中村高康『危機の中の若者たち』東京大学出版会・2017年

猪木武徳『大学の反省』NTT出版・2009年

岩木秀夫『ゆとり教育から個性浪費社会へ』ちくま新書・2004年

岩崎保道編著『大学の戦略的経営手法』大学教育出版・2016年

上山隆大『アカデミック・キャピタリズムを超えて―アメリカの大学と科学研究の現在―』NTT出版・2010年

潮木守一『アメリカの大学』講談社学術文庫・1993年

潮木守一『京都帝国大学の挑戦』講談社学術文庫・1997年

潮木守一『世界の大学危機』中公新書・2004年

潮木守一『フンボルト理念の終焉？・現代大学の新次元』東進堂・2008年

潮木守一『職業としての大学教授』中公叢書・2009年

内田勝一「早稲田大学『国際教養』学部の試み」大学時報297号・2004年

内田勝一「グローバル大学を目指して：早稲田大学の事例」大学時報351号・2013年

江原武一『転換期日本の大学改革』東信堂・2010年

226

大崎仁『大学改革1945−1999』有斐閣選書・1999年

大澤聡『教養主義のリハビリテーション』筑摩書房・2018年

岡本史紀『私立大学に何が起こっているか』成文堂・2016年

小川洋『消えゆく限界大学』白水社・2016年

小川洋『地方大学再生』朝日新書・2019年

小塩隆士『教育を経済学で考える』日本評論社・2003年

小日向允『大学の経営管理』論創社・2017年

海後宗臣・寺崎昌男『大学教育・戦後日本の教育改革9』東京大学出版会・1969年

学術研究フォーラム『大学はなぜ必要か』NTT出版・2008年

片山悠樹『「ものづくり」と職業教育』岩波書店・2016年

刈谷剛彦『大衆教育社会のゆくえ』中公新書・1995年

刈谷剛彦『「学歴社会」という神話』NHK人間講座・2001年

刈谷剛彦『階層化日本と教育危機―不平等再生産から意欲格差社会へ』有信堂・
　　2001年

刈谷剛彦『教育と平等』中公新書・2009年

刈谷剛彦『イギリスの大学・ニッポンの大学』中公新書ラクレ・2012年

刈谷剛彦『オックスフォードからの警鐘―グローバル化時代の大学論―』中公新書
　　ラクレ・2017年

ジョン・ガルブレイス著斎藤精一郎訳『不確実性の時代』講談社学術文庫・2009年
　　（なお、都留重人監訳・TBSブリタニカ・1977年があるが、本書では講談社学
　　術文庫版を利用した）

パトリシア・J・ガンポート編著伊藤彰浩・橋本鉱市・阿曽沼明裕監訳『高等教育
　　の社会学』玉川大学出版部・2015年

北村友人・杉村美紀共編『激動するアジアの大学改革』上智大学出版・2012年

喜多村和之『大学淘汰の時代』中公新書・1990年

清成忠男『大淘汰時代の大学自立・活性化戦略』東洋経済新報社・2003年

日下公人他『今、日本の大学をどうするか』自由国民社・2003年

草原克豪『大学の危機』弘文堂・2010年

功刀滋『なぜ日本の大学には工学部が多いのか』講談社・2016年

久保田竜子『英語教育幻想』ちくま新書・2018年

黒田一雄編著『アジアの高等教育ガバナンス』勁草書房・2013年

慶應義塾大学教養研究センター編『「教養」を考える』慶應義塾大学出版会・2003
　　年

経済協力開発機構編著・ベネッセ教育総合研究所企画制作・無藤隆・秋田喜代美監

訳『社会情動的スキル―学びに向かう力』明石書店・2018年

ドナルド・ケネディ著立川明・坂本辰朗・井上比呂子訳『大学の責務』東信堂・2008年

ケヴィン・ケリー著服部桂訳『〈インターネット〉の次に来るもの』NHK出版・2016年

『特集・大学の終焉』現代思想2015年11月号

『特集・大学のリアル―人文学と軍産学共同のゆくえ』現代思想2016年11月号

五神真『大学の未来地図』ちくま新書・2019年

斉藤武雄・田中喜美・依田有弘『工業高校の挑戦』学文社・2005年

サスキア・サッセン著伊豫谷登士翁訳『グローバリゼーションの時代』平凡社・1999年

サスキア・サッセン著伊藤茂訳『グローバル資本主義と〈放逐〉の論理』明石書店2017年

佐藤郁哉編著『50年目の「大学解体」20年後の「大学再生」』京都大学学術出版会・2018年

佐藤郁哉『大学改革の迷走』ちくま新書・2019年

ウイリアム・M・サリバン他著柏木昇他訳『アメリカの法曹教育』中央大学出版部・2013年

佐和隆光『経済学のすすめ―人文知と批判精神の復興―』岩波新書・2016年

斬馬剣禅『東西両京の大学』講談社学術文庫・1988年

白井恭弘『外国語学習の科学』岩波新書・2008年

シーラ・スミス著伏見岳人・佐藤悠子・玉置敦彦訳『日中親密なる宿敵』東京大学出版会・2018年

新藤豊久『大学経営とマネジメント』東進堂・2016年

鈴木大裕『崩壊するアメリカの公教育』岩波書店・2016年

鈴木孝夫『日本語と外国語』岩波新書・1990年

『シリーズ大学・全7巻』岩波書店・2013年

大学評価・学位授与機構編著『大学評価文化の定着』大学評価・学位授与機構・2014年

竹内洋『教養主義の没落』中公新書・2003年

竹内洋・佐藤卓巳『日本主義的教養の時代』柏書房・2006年

竹内洋『学問の下流化』中央公論新社・2008年

館昭・岩永雅也『岐路に立つ大学』放送大学教育振興会・2004年

橘木俊昭『日本の教育格差』岩波新書・2010年

228

谷聖美『アメリカの大学』ミネルヴァ書房・2006年

常見陽平『「就活」と日本社会』NHK出版・2015年

寺崎昌男『大学教育の可能性』東信堂・2002年

寺島隆吉『英語で大学が亡びるとき』明石書店・2015年

ジャック・デリダ著西山雄二訳『条件なき大学』月曜社・2008年

東京大学大学経営・政策コース編『大学経営・政策入門』東進堂・2018年

鳥飼玖美子『英語教育の危機』ちくま新書・2018年

マーチン・トロウ著天野郁夫・喜多村和之訳『高学歴社会の大学』東京大学出版会・1976年

マーチン・トロウ著喜多村和之編訳『高度情報社会の大学』玉川大学出版部・2000年

中澤渉『日本の公教育』中公新書・2018年

中澤渉『なぜ日本の公教育費は少ないのか』勁草書房・2014年

西山教行・平畑奈美編著『「グローバル人材」再考』くろしお出版・2014年

日本私立大学連盟学生部会『ユニバーサル化時代の私立大学』開成出版・2000年

野田恒雄『日本の大学、崩壊か大再編か』明石書店・2016年

C・H・ハスキンズ著青木靖三・三浦常司訳『大学の起源』現代教養文庫・1977年

蓮實重彦／アンドレアス・ヘルドリヒ／広渡清吾編『大学の倫理』東京大学出版会・2003年

羽田正『グローバル化と世界史』東京大学出版会・2018年

サミュエル・ハンチントン著鈴木主税訳『分断されるアメリカ—ナショナル・アイデンティティの危機』集英社・2004年

平川祐弘『日本語で生きる幸福』河出書房新社・2014年

広田照幸『教育は何をなすべきか』岩波書店・2015年

広田照幸・石川健治・橋本伸也・山口二郎『学問の自由と大学の危機』岩波ブックレット・2016年

ヒュー・ローダー／フィリップ・ブラウン／ジョアンヌ・ディラボー／A.H.ハルゼー編刈谷剛彦・志水宏吉・小玉重夫編訳『グローバル化・社会変動と教育2 文化と不平等の教育社会学』東京大学出版会・2012年

福間良明『働く青年と教養の戦後史』筑摩書房・2017年

藤本夕衣『古典を失った大学』NTT出版・2012年

エイブラハム・フレックスナー著坂本辰朗・羽田積男・渡辺かよ子・犬塚典子訳『大学論』玉川大学出版部・2005年

メアリー・C・ブリントン著玄田有史解説・池村千秋訳『失われた場を探して』

NTT出版・2008年

別府昭郎『大学改革の系譜：近代大学から現代大学へ』東信堂・2016年

デヴィッド・ヘルド編猪口孝訳『論争グローバリゼーション』岩波書店・2007年

デレック・ボック著宮田由紀夫訳『商業化するアメリカの大学』玉川大学出版部・2004年

デレック・ボック著宮田由紀夫訳『アメリカの高等教育』玉川大学出版部・2015年

堀尾輝久『現代教育の思想と構造』岩波書店・1992年

本田由紀『多元化する「能力」と日本社会』NTT出版・2005年

本田由紀『教育の職業的意義』ちくま新書・2009年

前川喜平・寺脇研『これからの日本、これからの教育』ちくま新書・2017年

松岡信之編『行動するリベラル・アーツの素顔』国際基督教大学・1999年

三浦信孝編『多言語主義とは何か』藤原書店・1997年

三浦信孝・糟谷啓介編『言語帝国主義とは何か』藤原書店・2000年

水村美苗『日本語が亡びるとき』筑摩書房・2008年

溝上慎一・松下佳代編『高校・大学から仕事へのトランジション』ナカニシヤ出版・2014年

宮田由紀夫『米国キャンパス「拝金」報告』中公新書ラクレ・2012年

宮寺晃夫『教育の正義論』勁草書房・2014年

室井尚『文系学部解体』角川新書・2015年

森田朗監修『日本の人口動向とこれからの社会』東京大学出版会・2017年

柳田幸男・ダニエル・H・フット『ハーバード卓越の秘密』有斐閣・2010年

柳田幸男「日米比較教養教育論」法の支配167号5－22頁・2012年11月・日本法律家協会

矢野眞和『大学の条件―大衆化と市場化の経済分析―』東京大学出版会・2015年

矢野眞和・濱中淳子・小川和孝『教育劣位社会』岩波書店・2016年

矢野眞和・濱中義隆・浅野敬一編『高専教育の発見』岩波書店・2018年

山内太地・本間正人『高大接続改革』ちくま新書・2016年

山上浩二郎『検証大学改革』岩波書店・2013年

山口栄一『イノベーションはなぜ途絶えたか』ちくま新書・2016年

山崎その・宮嶋恒二・伊多波良雄『これからの大学経営』晃洋書房・2018年

山本義隆『近代日本150年―科学技術総力戦体制の破綻』岩波新書・2018年

山脇直司編『教養教育と統合知』東京大学出版会・2018年

吉川洋『人口と日本経済』中公新書・2016年

吉川徹『日本の分断―切り離される非大卒若者たち―』光文社新書・2018年

吉見俊哉『大学とは何か』岩波新書・2011年
吉見俊哉『「文系学部廃止」の衝撃』集英社新書・2016年
ビル・レディングズ著青木健・斎藤信平訳『廃墟のなかの大学』法政大学出版会・
　2000年

英語文献

James Axtell, Wisdom's Workshop-The Rise of the Modern University, Princeton
　University Press, 2016

Derek Bok, Universities in the Marketplace-The Commercialization of Higher
　Education, Princeton University Press, 2003

Derek Bok, Higher Education in America-Revised Edition, Princeton University
　Press, 2015

Jonathan R. Cole, Toward a More Perfect University, Public Affairs, 2016

Dorothy Davis and Bruce Mackingtosh ed., Making a Difference Australian Inter-
　national Education, UNSW Press, 2011

Darla K. Deardorff, Hans de Wit, John D. Heyl and Tony Adams ed., The SAGE
　Handbook of International Higher Education, SAGE, 2012

Martin Jacques, When China Rules the World, Perican, 2009

Parag Khanna, The Future is Asian, Simon and Schuster, 2019

Peter Kivisto, Multiculturalism in a Global Society, Blackwell, 2002

Frank Lechner and John Boli ed., The Globalization Reader, Blackwell, 2 nd.ed.,
　2004

John V. Lombardi, How Universities Work, Johns Hopkins University Press, 2013

Jon Mcgee, Breakpoint-The Changing Marketplace for Higher Education, Johns
　Hopkins University Press, 2015

Peter Marcuse and Ronald van Kempen, Globalizing Cities--A New Spatial Or-
　der--, Blackwell, 2000

Nature, Nature Index 2017:Japan S10-15

OECD Skills Studies, Skills for Social Progress-The Power of Social and Emotion-
　al Skills, OECD 2015

The PIE News. com, July 8 th, 2018

Profiles of American Colleges 2019, Barron's Educational Series, 2018

Henry Rosovsky, The University -An Owner's Manual-, Norton, 1991

Koushik Phattacharya「複雑化する新領域創成に挑むCALTEC の未来投資」第12

回大学のグローバル化戦略シンポジウム・みずほ証券主催・2018年11月 9 日

Saskia Sassen, The Global City-New York, London, Tokyo-, 2 nd. ed., Princeton, 2001

Mark Schneider and KC Deane ed., The University Next Door, Teachers College Press, 2015

Jeffrey J. Selingo, College (UN) Bound-The Future of Higher Education and What it Means for Students, Amazon Publishing, 2013

Sheila Slaughter and Larry L. Leslie, Academic Capitalism, Johns Hopkins University Press, 1997

Katsuichi Uchida, Impact of World University Rankings on the Strategy of Japanese Universities, RIHE (Research Institute for Higher Education), International Seminar Reports, No 24, August 2016, Hiroshima University, 2016

Ben Wildavsky, The Great Brain Race, Princeton University Press, 2010

事 項 索 引

236

〈著者紹介〉
内田 勝一（うちだ かついち）

1946 年　東京生まれ
1970 年　早稲田大学法学部卒業
1984 年　早稲田大学法学部教授
2004 年　早稲田大学国際教養学部教授
現　在　早稲田大学名誉教授

専門は民法・土地法。日本学術会議会員、早稲田大学常任理事・
副総長、Asia Pacific Association for International Education の
President, US-Japan Research Institute の President 等を歴任。

〈主要著作〉
『現代借地借家法学の課題』（成文堂、1997 年）
『債権総論』（弘文堂、2000 年）
『現代の都市と土地私法』（有斐閣、2001 年）共編著
『借地借家の裁判例（第 3 版）』（有斐閣、2010 年）共編著
『借地借家法案内』（勁草書房・2017 年）

不確実な時代の大学戦略
―日本社会のグローバル化と大学の役割―

2020年12月10日　初版第 1 刷発行

著　者　　内　田　勝　一
発行者　　阿　部　成　一

〒162-0041　東京都新宿区早稲田鶴巻町 514 番地
発行所　株式会社　成文堂
電話 03（3203）9201（代）　Fax 03（3203）9206
http://www.seibundoh.co.jp

印刷・製本　藤原印刷
©2020 K Uchida　　Printed in Japan
乱丁・落丁本はお取り替えいたします。
ISBN978-4-7923-6119-8　C3037

定価（本体 2,800 円 + 税）